社會進化史

蔡和森著

民國滬上初版書·復制版

社會進化史

蔡和森 著

上海三联书店

制，尽可能保持初版时的面貌。对于原书的破损和字迹不清之处，尽可能加以技术修复，使之达到不影响阅读的效果。还需说明的是，复制出版的效果，必然会受所用底本的情形所限，不易达到现今书籍制作的某些水准。

民国时期初版的各种图书大约十余万种，并且以沪上最为集中。文化的创作与出版是一个不断筛选、淘汰、积累的过程，我们将尽力使那时初版的精品佳作得以重现。

我们将严格依照《著作权法》的规则，妥善处理出版的相关事务。

感谢上海图书馆和版本收藏者提供了珍贵的版本文献，使“民国沪上初版书·复制版”得以与公众见面。

相信民国初版书的复制出版，不仅可以满足社会阅读与研究的需要，还可以使民国初版书的内容与形态得以更持久地留存。

2014 年 1 月 1 日

社會進化史

蔡和森 著

中華民國十三年八月初版

社會進化史目錄

第二篇　財產之起源與進化

第三篇　國家之起源與進化

社會進化史

緒論　有史以前人類演進之程序

自生物學昌明以來，吾人始知人類不過為哺乳動物之一種，和猿類同出於一個共同的祖先。人類達到現今這樣的程度，也如其他各種動物一樣，完全由於過去無慮億兆年載之歷史的演進。原始人類自從前二足演進為兩手和腦力逐漸發達而能製造工具之後，才與動物時代完全分離，並且優勝於其他一切動物，而建立人類的社會。

自發生學，化石學，和比較解剖學漸漸發達，各種生物演進的程序略已彰明於世。然而有史以前（Prehistoire）人類演進之程序怎樣？這個問題，直到十九世紀下半葉摩爾根（Morgan）的著作出世才有確定的解答。所以十九世紀學術界空前的大傑作：於達爾文的種源論（Darwin-Origin of Species）和馬克斯的資本論（Marx-Capital）之外，還有摩爾根的太古社會(Ancient Society)。

摩爾根眞是發明原始人類演進程序的第一人；他身居美洲土人印第安民族（Indiens）中，前後考察凡數十年；他從『羣』『家族』以至『國家』的形成，挨次追溯社會的進化。他不知道馬克斯，也不知道唯物史觀的學說（La theorie materialist de l' histoire）；然而他於不知不覺中，竟在美洲從新發明並且系統的應用了這種眞理（馬克斯是在他的前四十年發明的），他所研得的主要結果，大致與馬克斯是一樣的。

摩爾根的著作初發表時，歐洲研究有史以前的原史學家或人類學家，始而驚訝，繼而攻擊，爭論四十年之久，最後才默認而剽竊其次要的發見以爲己有；至於太古社會中之重要的部分，他們故意含默不宣。至恩格斯著家族私產與國家之起源（Engels-L'origine de la famille, de la Propriete Privee et de l' Etat），將摩爾根和馬克斯兩人的意見聯合一致，至此摩氏不朽之業才發揚光大於世，而歷史學亦因此完全建立眞實的科學基礎。

現在首述摩爾根所劃分之歷史的理論時代，以爲本書全部之綱領。

摩爾根分人類歷史爲三大時代：

(一)野蠻時代（Etat Sovage）

(二)半開化時代（Barbarie）

(三)文明時代（Civilisation）

而野蠻時代和半開化時代之中，隨其生存方法之進步，又各分爲：初期（Stade inferieur）；中期（Stade Moyen），與高期（Stade Superieur）。

A 野蠻時代

野蠻時代的初期—這是人類的幼稚時期，人們分部生活於樹上，以菓子胡桃樹根爲食品。所以熱帶森林爲人類最原始的住居。這個時期重要的產物僅爲簡單的語言。我們所知道的一切歷史時代的各民族莫不經過這樣的幼稚時期。縱然這個時期經過幾千年之久，我們現今已得不到直接的證明了；然而跳出動物時代而成爲人類，我們不能不承認必須經過這個擺渡。

野蠻時代的中期—這個時期開始發明用火；人們取魚類（如蝦蟹介殼之類及其他水生動物）以爲食。魚與火是同時發明使用的，因爲魚非煮熟不能食。由這類新食品與火的發明，人們遂能漸漸離氣候與地方獨立起來，沿江沿河的去尋生活。於是人類才散布於廣大的地面之上。

這個時期重要的產物還有粗糙的石器。製造石器的方法，大約是利用石頭去打碎石頭，拿那銳利的大石片做刀斧，小的用以打禽鳥或小獸。原始的武器（石斧與石棒）就是這樣發明的；並且石頭打石頭而生火，火也是由此發明的。所謂石器時代，大部分或全部分，卽屬於這個時期。

由此人們更散布於各大陸，他們旣時常佔領新地帶，而發見的本能也更加敏捷。他們有了拷火石，隨時隨地可以尋新食品，樹根與澱粉質的塊莖常可煨煮於火灰及地竈之中。隨着原始武器的發明，禽獸又爲人們食品中不時添加之美味。從這個時期起，人們漸漸知道打獵；所謂漁獵時代，便是這個時期形成的。然獵的產物不一定很多，有時也許一無所獲。食品的來源常不確定，因而發生食人的習慣。這樣的情形，有爲時很暫的，也有爲時很久的。如非洲與澳洲的土人，至十九世紀還停滯於這個時期。

野蠻時代的高期—這個時期開始發明弓箭。因此禽獸成爲定規的食品，打獵成爲通常的勞動；並且脫離前此的江河漂泊生活而入居於廣大森林地帶之中。人們既能造弓，箭，弦這樣複雜的工具，技術程度已屬不低；這種發明，足以顯明這個時期人文演進的特徵。然而這不是偶然的事，必須積聚長期間的經驗始能成功。

這個時期的人們雖然知道製造弓箭，但還不知道製造陶器。石器則更爲進步，能製造精緻文雅之石器而形成新石器時代。木工亦漸漸發明而能製造獨木舟及木器用具，並且漸知用樹幹樹枝建造簡陋的房屋脫離以前巢居穴處的生活；而村落的建設也在這個時期開始。紡織工亦初發明，如用手紡樹皮纖維，及用樹皮或燈草編織籃簍。

由此：火，石斧，弓箭，木具，手織物，獨木舟，木屋，村落等生存方法日益演進，生產權威日漸確定，而人們生活亦漸複雜而豐富。這個時期演進的程序，摩爾根曾舉美洲西北部印第安人爲例證：這些地方的印第安人已經知道造弓箭而不知道造陶器。

B　半開化時代

半開化時代的初期—這個時期始發明陶器。依照摩爾根的研究，陶器的發明爲由野蠻時代到半開化時代的擺渡。陶器發明之初步，不過就木製器皿或樹皮織物之外部塗以粘土，使其能煑食品耐火而不燃化；然後才漸知不需此等內部裏物而純用粘土燒鑄成器。

陶器不過爲使用工具的進步；而這個時期生產上的重大進步則爲家畜的發明。家畜的發明，實爲這個時期主要的特徵。因爲家畜的飼養，而某幾種植物的種植也隨着開始。畜乳與畜肉爲主要的生產品；而皮，毛，角又可製爲各種用具。

半開化時代的中期—這個時期東半球已經具有各種適宜的家畜及飼養家畜的各種植物與穀類—只缺少玉蜀黍一種；西半球的家畜除駱駝外，其餘各種哺乳動物都還未得馴養，穀類在起初的時候，亦只珍珠米之一種—不過這是一種最好的。農業初步的園圃亦已發明，幷且知道用人工灌溉法以種園蔬。建築術也隨時進步，人們已知利用泥土與太陽以作乾磚或應用石頭以建築房屋。

家畜蕃殖成爲大羣之後，最先進的民族遂遠離其祖先居住的森林地帶向水草平原散布而入於遊牧生活。所謂遊牧時代，便是由此形成的。

因爲人們與牲畜需要的食品漸漸增加，播種麥子的要求也逐漸擴大。此時牲畜既豐富，五穀的種植又因牲畜與人口的需要而擴大，由此食人的習慣遂致消滅。

銅器的發明，大約也在這個時期。不過因爲銅的硬度很低，所以石器還有作用，石器時代還沒有完全終止。

半開化時代的高期—這個時期始發明鑄鐵與簡單的文字。鑄鐵與文字爲人類進於文明的渡橋。藉着鐵器的發明，耕種地面才有擴大之可能，人類生產才向農業時代演進；山林荒野，日被開墾而成爲耕地與牧場；實際生存方法無限增加，活動能力亦異常激進，人類生活至此遂別開生面。

釀酒與製油之業至此亦已大備。因爲鐵器的發明，建築，造船，及多輪車各種技術亦跟着精進；五金工作更成爲熟練的技藝，武器方面的進步與完成自然更不待說。

吾人單就武器一端，亦足表明各大歷史時代之特徵：卽弓箭爲野蠻時代的武器；鐵劍爲半開化時代的武器；鎗砲爲文明時代的武器。

由此城市繁興，而其周圍環以銃眼之城牆；文明降臨，而有神話或謌謠之記述。先進的民族遂向極繁盛的新時代進發。這個程序在東半球特別顯著：埃及，巴比倫，希伯來，腓宜基，波斯，希臘，羅馬，以及日爾曼和諾爾曼各民族遂接續躍登了文明舞台。

以上所述人類發展的大概，經過野蠻時代和半開化時代以至文明時代的發端，每個時代的變化有每個時代的新特徵，而這些新特徵卽直接爲生產方法的變遷所引起。今再就摩爾根的分類，簡括以明之：

野蠻時代—這是人們只知攫取自然的生產（自果食樹根以至禽獸），而人爲的生產（如弓箭等）不過爲輔助這種攫取之用的時代。

半開化時代—這是人們從事於畜牧耕種，對於自然生產（牲畜與土地等）加以勞動而獲得積極的創造方法的時代。

文明時代—這是人們藉着工業與技術，把自然的生產（如各種原料）製造爲人爲的生產的時代。

註一—以上所述每一時代或每一等級的進化，具有普遍世界一切民族之通性；只在時間上有演進遲早之距離，決不因各民族所在地之不同而發生根本異趣之特殊途徑。即如半開化時代，東大陸與西大陸因自然條件之不同，以致兩地所具家畜植物顯然歧異；這種生產上的歧異，在一定時期內雖足影響於該地民族的生活及其演進的程度，然決不能根本破壞人類進化的普遍步趨。

註二—歐人征服美洲時，東部印第安人剛入半開化時代。他們耕作一定地畝的園圃，所種的是玉蜀黍，南瓜，甜瓜，及其他園蔬；他們重要的食品即取給於此。他們住的是木屋，一些木屋形成一個村落，村落的周圍環以籬笆。西北部印第安人則還在野蠻時代的高期，他們既不知道製陶器，又不知道耕種任何植物。反之，墨西哥，新墨西哥，祕魯和亞美利加中部的印第安人，在被征服時已達到半開化的中期。他們住的是磚與石砌成的屋子；他們的村落中築有堡壘。他們耕種玉蜀黍及其他各種隨地帶而不同的植物；他們用人工灌溉的園圃，就是食品的主要來源。他們已馴養了幾種家畜：墨西哥土人所馴養的是白露雞及其他鳥類；祕魯土人所馴養的是駱駝。他們已知開採各金屬，但還不知道鑄鐵；所以他們的武器還不能不用石器。他們正在演進中；然而橫被西班牙征服，以後自動的發展便打斷了。

註三—上古史主要的民族有三：一爲哈密的族（Hamitie），一爲閃密的族（Semmitie），一爲亞利安族（Aryon）。自埃及（屬哈密的族），巴比倫，腓尼基，希伯來（屬閃密的族），以至希臘，羅馬，日爾曼（屬亞利安族）之文明，皆爲三族所演成。而使他們能成爲歷史的主要民族之樞紐，則在半開化時代家畜之發明。家畜與衆多畜羣形成之後，遂使閃密的族與亞利安族從其餘各未開化的種族中分離出去，遠徙於歐亞各地：於是幼發拉底河（Euphrate）與底格里河（Tigre）流域成爲閃密的遊牧民族的牧場；印度阿克蘇（Oxus）雅克薩底（Iaxarte），頓河（Don）以及騰尼河（Dnieper）流域成爲亞利安遊牧民族的牧場。前此他們的老宗祖—野蠻時代與半開化初期的人們—所不居住並且不能居住的水草平原，至此成爲人類的新搖床。反之，要這些新後裔脫離平原綠野而復反於老祖宗所居的森林地方，那是決不可能的事了。閃密的族與亞利安族因爲獸肉獸乳之豐富，故其兒童之發育異常優良，從此兩民族遂成爲天之驕子而發達到最高的文明。此處我們可取美洲新墨西哥的印第安人來比較：此處的印第安人幾乎專限於蔬食，不容易獲得獸肉與魚類，故其頭腦比較半開化初期的人還更小。

第一篇　家族之起源與進化

第一章　原始家族史之概要

人類進化的主要動因有二：一是生產，一是生殖。前者爲一切生活手段的生產，如衣食住等目的物及一切必要的工具皆是；後者爲人類自身的生產，簡言之即爲傳種。人們生活於一定時期與一定地域的各種社會組織，莫不爲這兩種生產所規定所限制。這兩種生產在歷史上的演進：一面爲勞動發達的程序；別面爲家族發達的程序。

原始家族史，在社會進化史中，居一個重要地位。然而這門科學在一八六〇年前，還未萌芽；歷史家關於這個領域，尚全在摩西（Moise）五部古書的影響之下。書中詳細描寫的爲宗法式的家族形態，除掉一夫多妻制以外，幾乎與近世的家族同條共貫。這樣一來，彷彿一般的家族沒有什麼歷史的演進可說了。然而人們不能不承認在近世的一夫一妻制之外，東方還有一夫多妻制存在，西藏還有一妻多夫制存在；這三種家族形式，照一般的歷史家看來，在歷史的排列秩序中似乎是不相聯屬的。

原始家族的歷史，至一八六一年，才有巴學風（Bachofon）的母權（Droit-maternel）出世。書中重要之點有四：

(一)原始的人類，兩性生活爲亂交。

(二)這類性交，不容父性之確立，子女只知有母而不知有父，因而發生母系制，換過說，卽母權制。上古一切民族，莫不由此起源。

(三)這樣的結果，婦女與母性成爲後嗣惟一確認之尊親，其享受尊敬之程度，照巴學風的想像，遂達到母性統治權。

(四)後來轉變到一夫一妻制，婦女才專屬於一個男人。然這種轉變違犯原始的宗教律（卽實際上違犯別的男子在這個婦人身上的傳種權利）；婦女只有用暫時或定期賣淫的方法，才得贖此破壞舊習慣之罪，而獲單一結婚的權利。

巴學風在家族歷史上，要算是第一個開荒的功人。他的書中，有許多論證雖未免落於空想的神祕的窠臼。然而有兩點功績是決不可磨滅的：第一，他極力從古籍中搜集許多證據，證明原始的兩性關係完全爲亂交，不僅一個男子可與幾個女子發生性的關係，一個女子也可與幾個男子發生性的關係，幷且全無遮蓋的習慣。第二，就是他所證明的母權和女系地位在原始社會之重要，簡直爲世人夢想不到的驚奇。他這些發見，在歷史科學中，等於做了一個大革命。

繼巴學風而起的爲麥克林蘭（Mac-Lennan）。麥克林蘭以冷酷的法律家的面貌，代替巴學風詩人的天性。麥克林蘭從上古與近代的許多野蠻民族半開化民族及開化民族中，發見一種掠奪婚姻（Mariage par rapt）的形式，卽一個種族的男子，全靠用腕力掠奪別個種族的女子。這種掠奪婚姻怎樣發生的呢？照麥克林蘭的意見，一是因爲族內女子不夠；一是因爲族內禁止結婚；然亦有按照習慣，務必使男子與自己族內女子結婚之種族。麥克林蘭叫前者爲族外婚姻（Exogames），後者爲族內婚姻（Endogames）；因而建立族外婚和族內婚的種族之對偶法則。族外婚的種族只能取別種族的女子爲妻，由此種族與種族之間發生永遠戰爭的狀態。然而這種狀態適合於野蠻時代；掠奪婚姻也就從此開始。

族外婚姻的習慣從那裏來的呢？麥克林蘭也以爲血統與亂倫婚姻的觀念，在當時是絕對沒有的；這些觀念不過在很遲才發生。惟當時殺女的習慣（女生後卽殺之）很普遍於各野蠻民族，由此各孤立的種族遂致男子過剩。男子過剩的結果：第一，發生一妻多夫制，幾個男子共一妻；第二，發生母系而排斥父系，子女只知認母而不知認父；第三，婦女之缺乏並不因一妻多夫制而解決，遂只有野蠻的或組織的掠奪外族的婦女，於是遂成族外婚姻之習慣。所以麥克林蘭在他的原始婚姻（Primitive Mariage）裏面說：『族外婚姻與一妻多夫，是由兩性人口不均之惟一原因而產生的，我們應視一切族外婚的種族卽爲原始一妻多夫的種族』。

麥克林蘭第一個功績在指明他所稱的族外婚姻之普遍的通行及其意義；第二個功績在承認原

始的嗣續制度從母系而不從父系。這一點，巴學風前已發明了，不過再經麥克林蘭重新肯定。

麥克林蘭只承認婚姻有三種形式：一夫多妻(Polygamie)，一妻多夫(Polyandrie)與一夫一妻(Monogamie)。但是在未開化各民族中，還有一團男子和一團女子共同結婚的某幾種形式之存在，並且發見的證據一天一天繁多。一八七〇年，劉博克(Lubbock)在他的文明之起源(The origin of civilisation)中開始承認羣體婚姻(Mariage par groupe)爲歷史的事實。

一八七一年，摩爾根帶了許多新材料和決定的見解躍登舞台。摩爾根以他在美洲各種紅色印第安人中之考察，建立一種特異的『伊洛葛(Iroquois)的親族體系』。伊洛葛爲美洲一切土人——卽一切印第安人之通稱，而這種親族體系卽通行於全大陸的印第安人。一八七一，摩爾根發表血統與親族之體系(Systeme of Consanguinity and Affinity)後，在原始人類歷史中闢了一個新天地；因爲羣體婚姻之確認，而麥克林蘭內婚外婚對偶學說的根基遂不免爲之動搖。

麥克林蘭要辯護他的學說，遂指羣體婚姻爲人爲的揑造。其實，外婚與內婚的對偶設定，本身便發生矛盾而不能說明。比如有兩個獨立自主的種族：一個絕對禁止和外族通婚，一個務必取外族婦女爲妻，兩者顯然互相排斥，如何能成對偶呢？

照摩爾根的研究，外婚與內婚並無何等對立的形成；所謂族外婚的『種族(Tribu)』，實不存在。族外婚的眞意義，爲在羣體婚姻還盛行的時代，一個種族隨着母系分成爲幾個氏族(Gens

），氏族之間嚴格禁止通婚，這個氏族的男子只能與別個氏族的女子結婚。然而一個種族包括幾個氏族，卽一個氏族的男子可與同種族的女子結婚。故在氏族爲嚴格的族外結婚，而在種族則爲嚴格的族內結婚。由這種證明，便把麥克林蘭對偶的學說打得粉碎了。

但摩爾根並不以此自滿，他更以美洲印第安人的氏族爲自己開拓的領域而建立第二種決定的進步。他發明原始氏族的形式是按照母權組織的，這樣原始的母權氏族爲後來父權氏族——如上古希臘羅馬各開化民族的氏族——之所從出。希臘羅馬的氏族，直到十九世紀下半葉，還爲一切歷史家莫可猜測之謎子，至此才爲摩爾根所發見的『伊洛葛的氏族』所說明；原始歷史，至此斗然獲得新基礎而開一新紀元。

原始母權氏族，爲後來各開化民族父權氏族之前站的新發明，在原史學中異常重要。換過說，卽原始歷史的全體，以母權氏族爲樞軸。自母權氏族發明，原史學家才知怎樣研究怎樣彙類。所以自太古社會出版後，原史學遂特別長足的進步。

註一——母權之名，摩爾根和恩格斯著書皆沿用之；然而這個名詞，恩格斯指明是不正確的，因爲原始社會還沒有發生權利問題，並且沒有法律的字義。

註二——氏族：拉丁文爲 Gens，與Clan 同義；摩爾根與恩格斯用以指明由種族滋乳之血族團體；在希臘叫做 Genas，羅馬叫做 Gentes，亞利安叫做 Gan。Gens 這個字，在原始歷史上異常重要，國家未產生以前，Gens 爲人類社會組織之主要模型。這樣的社會，原史學家又叫做圖騰（Totem）社會，實際就是氏族社會。

第二章　家族發生之理由

家族和兩性的組織，爲一切民族發展之基礎，然而此處有一種不同的意見存在。西賓蘭斯（Espinas）在一八七七年出版之動物社會（Des societes animales）裏面說道：『據我們在各種動物中所觀察，羣（Penplade）——是最高的社會團體。羣——好似是由各家族組成的，但在源頭上說，家族與羣是相敵對的，他們彼此爲一種反比例的發展』。照西賓蘭斯的意見，羣與家族，在各種高等動物中，不是互相完成的，但是互相抵抗的。西賓蘭斯極力論證當春情發動時期，由雄性間的競爭，怎樣將羣的社會關係暫時弛緩或取消。所以他又說：『自有緊密團結的家族，我們便看不見羣之形成，除掉很稀少的例外。反之，亂交或一夫多妻制盛行，羣便自然的成立。只有使家族關係弛緩至於幾微，羣體才得發生，個體才得恢復自由。所以有組織的羣在鳥類中是很少的；反之，我們在哺乳動物中發見微有組織的社會，正是因爲其個體不全爲家族所吸收。所以羣的集合意識常爲其最大敵人——家族的集合意識所阻而不能發生。故吾人敢斷言：建立在家族高層的社會，開始不過是將一些受了根本變化的家族編織而成，除開更遲一回在他的內部蔭庇一些無限的順利條件才能容許他重新構造』。

要在動物社會中別其誰爲家族的集合或誰爲羣體的集合，本爲極不容易之事；但西賓蘭斯之所說，於動物社會至少有一部分是眞理。動物社會在交尾時期，因爲雄性的嫉妬，確有羣體渙散或不能發展的事實。然而這樣的事實，只足證明動物家族與人類的原始社會是兩樁不可比擬的事：因爲原始人類，在他們初超出動物的時代，還沒有家族的意識；人類在此初形成的時代，不過是一些沒有武器(如銳利之爪牙)而異常軟弱的動物，他們的數目是很少的，個體是很孤立的；當着他們尋求一異性做配偶的時候，已經是他們社交心發達的最初形式。人們要使自己超出動物界而實踐自然所提供的最大進步，便需要一種新要素來塡補其孤立而無防禦能力的缺憾，這樣的新要素就是聯合的勢力和共同的行動之所從出的一羣。而兩性與家族的結合，實爲羣之起點。但是男性間相互的寬恕與嫉妬心之輕減，在動物時代進化到人類時代的過渡中，確爲形成堅固而廣大的人羣之先決條件，沒有這種先決條件是決不能完成這樣的進化的。然則男性間的嫉妬，怎樣得輕減呢？這個問題顯然與家族的形式發生關係，以下各章當詳述之。

生存競爭，一切生物都不能逃過這種原則。然上面已經說過，由動物時代初入人類時代的人們，不過是一些軟弱無力的動物，他們旣沒有天賦的強有力的爪牙，又沒有後來逐漸發明的各種工具；周圍四境晦蒙否塞的自然界，無處不給他們以困難，環居鄰處的毒蛇猛獸，無時不與他們以恐怖。然則他們怎樣生存怎樣競爭呢？惟一的方法，只有團結成羣之一途。這種羣的成立，最初自然是由於兩性的結合；然亦可說最初還沒有後起的家族之意識。羣的本身——也可說家族的本身，就是一種生存的元素或經濟的元素。具有這種元素之後，人們才能以羣體去採取食品，和以羣體與其他動物或其他羣行其競爭；至於人們的個體，此時既不能單獨競爭，也不能單獨採取食品。

人類進步的大時代，是直接和食品來源的擴充相適應的。而家族的團結，便是直接適應這種需要。由自然的逼迫，範圍人們於這種經濟生活的集團後，低弱程度的共同勞動與共產生活遂橫貫有史以前的時代之全部；而其演進所呈之定律，則爲：生產程度愈益低弱，則社會秩序愈益凝固於血族關係之下。

第二章　家族形式與親族制度

由摩爾根發見的原始人類的家族形式爲羣體婚姻，即一羣男子和一羣女子互爲所有，而使嫉妬心理不甚發生，因而人羣之團結得以鞏固。其後，羣體婚姻發達到一定程度，又發生一種後起的例外形式——就是一妻多夫，這也是排除嫉妬的方法之一個。然而這種方法在其他各種動物是不知道的。比如各種哺乳動物的性的生活已經具有：亂交，羣交，一雄多雌，一雌一雄之四種形式；而獨缺少一妻多夫，好似一妻多夫只有人類才有。

但是在羣體婚姻之上是否還有更古的性交生活呢？吾人試研究羣體婚姻的各種形式，其演進的程度已屬不低，而其伴隨同來之各種條件實甚複雜。由此可知羣體婚姻之前，必定還有更原始更簡單的性交生活存在，——這就是亂交時代。亂交的作用恰好適合於由動物時代到人類時代的過渡。

追溯過去家族歷史的構成，自巴學風以下，大部分原史家都承認原始時代——尤其是野蠻時代的初期，各種族內部莫不盛行無限制的性交：即每個男子屬於每個女子，每個女子屬於每個男子。一切男子盡是多妻之夫，一切女子盡是多夫之妻，這就是眞實而普遍的亂交。不僅乎輩男女實行普遍的性交，即親子間亦實行普遍的性交。這樣無限制的性交，在後人看來乃是一種很奇怪而不道德的亂倫婚姻。然而在原始時代是不奇怪的。兩性人口的發展若不平均，沒有這樣的亂交是不可能的。

然而一般囿於現代道德觀念的學究先生和原史學家，盛唱一種否認原始時代無限制性交的高調，他們不認此爲人爲的揑造，便認此爲玷辱人類的尊嚴，他們以爲只有劣等動物才有這樣亂交的事實。其實現代的性的觀念以一夫一妻爲道德之極致；然而單是這一點幷不足以證明人類高過其他動物。比如動物學家在鳥類中所發見的一夫一妻之忠實，實非現代名實不符的文明人所能比擬；又如梹榔葉上面的條蟲，每一條具有五十至二百個體節，每個體節具有一副雌雄兩性的完全機關，每個體節各自營其一夫一妻的性的生活，這樣豈不更值得現代道德學家的贊歎？

人類發展的各歷程，各有其自己的生產條件；因而每個時代亦各有其特殊的道德律。適合於一定時期的風俗爲道德；質言之，道德乃是對準一個確定時期的社會需要。所以無限制的性交在後代人視爲不道德，而在原始時代的人則適成其爲道德。不僅原始時代兄弟姊妹是天然的夫婦，卽至今日親子間的性交尙盛行於許多野蠻民族中。據斯悅納博（Strabo）的報告，阿拉伯土人常與其母親及姊妹過性的生活；潘克洛（Bancroft）亦證明北美洲中部加鷄克人（Kadiaks），天尼斯人（Tinehs）也是過這樣性的生活。卽厭惡無限制性交的黎篤諾（Letourneau）也在智覽威斯（Chippewys）的印第安人中，智利的古古人（Coucous）中，低印度的加朗人（Karens）中，蒐集一些同類的事實。

摩爾根大部分的生活是在伊洛葛裏經過的，他並加入其中之一族，這一族叫西尼加斯（Senekas）。他在伊洛葛中發現一種親族制度，這種親族制度與他所目見的伊洛葛人之實際的家族關係相矛盾。摩爾根在伊洛葛時，伊洛葛人正盛行一種彼此容易分離的一夫一妻制，摩爾根叫這種婚制爲『對偶家族』。只有這樣夫婦生出的子女，社會公認爲合法。但是父，母，兒，女，兄弟，姊妹等名稱之使用，顯然與一夫一妻的家族相矛盾：伊洛葛的男人不僅呼自己的孩子爲兒女，而且呼兄弟的孩子爲兒女，兄弟的孩子都呼他爲父；至於姊妹的孩子則呼他爲舅，他呼姊妹的孩子爲甥兒甥女。反之，伊洛葛的女人不僅呼他自己的孩子爲兒女，而且呼姊妹的孩子爲兒女，姊妹的孩子都呼她爲母；至於她的兄弟的孩子則呼她爲姑母，她呼兄弟的孩子爲姪兒姪女。因而兄弟們的孩子和姊妹們的孩子顯然分成爲兩个階級：一面兄弟的孩子互相呼爲兄弟姊妹；別面姊妹們的孩子互相呼爲兄弟姊妹；而兄弟們的孩子與姊妹們的孩子之間則互相呼爲表兄弟表姊妹。這不單純是名稱問題，這些名稱裏面包含血族親疏與同等不同等的實際意義。伊洛葛人用這些名稱建立一種充分完備的親族制度之基礎，由此每一個人可表現幾百種不同的親族關係。這樣的親族制度不獨徧行於美洲各種印第安人之中，而且徧行於印度各種土人之中。南印度達米爾（Tamiles）族與伊洛葛，西尼加斯族，親族間各種不同的稱呼多至兩百多種。在印度各民族也如在美洲印第安各民族一樣，他們的親族關係也顯然與現行的家族形式相矛盾。

然則怎樣說明這種矛盾呢？血族在一切野蠻民族和半開化民族的社會秩序中佔主要的地位，要想費辭否認這些散布極廣的親族制度之重要，乃是不可能的。這樣的親族制度，據巴學風在原始各民族中的研究，摩爾根在美洲的研究，以及居諾甫（Cunove）在澳洲黑人中的研究，不僅普遍實行於一時一地，而且普遍實行於美洲亞洲非洲澳洲及全地球各民族（其形式當然不無多少變更），全地球各民族的發展莫不以家族和兩性的組織爲基礎。父，母，兒，女，兄，弟，姊，妹……不單是一些名稱，並包含一些嚴格實踐的相互間之確定的義務。這些名稱就是各民族社會組織的總體中之一部分極主要的形式。這樣親族制度與伊洛葛及其他民族現行的家族形式有不相符合之處，至摩爾根才找得解釋之理由。

據摩爾根的研究，海洋洲夏威夷羣島的土人，在十九世紀上半紀，他們的家族形式恰好與伊洛葛的親族制度相符合，父母兄弟姊妹兒女伯舅姑嬸甥侄……的實際都與伊洛葛的親族制度爲一致。但是很奇怪的：在夏威夷存在的親族制度又不與夏威夷現行的家族形式相符合。換過說，按照夏威夷的親族制度，兄弟和姊妹的兒童一律互呼爲姊妹兄弟而視爲共同的兒女，不僅他們的母親與其姊妹輩或父親與其兄弟輩的兒童沒有區別，就是全族的兄弟姊妹的兒童也沒有區別。由此看來，可知伊洛葛存留的親族制度原來建立在一種比對偶家族更古的家族形式之上，這樣的家族形式在美洲已不存在了，而在夏威夷却還存在。別方面，夏威夷存留的親族制度比伊洛葛存留的親族制度還更古，他原來所根據之更原始的家族形式不僅在夏威夷不存在了，即在全世界也不存在。然而這樣更原始的家族形式，在從前必然是存在的，因爲沒有這樣更原始的家族形式存在決不能發生與之適應的親族制度——即現在不適合夏威夷家族關係之實際的親族制度。於是摩爾根對於家族與親族制度下了一個定義：

『家族（Famille）是能動的（積極的）要素，他決不是停滯不進的，社會由低的程度向高的程度發達，他也隨着由低的形式到高的形式。反之，各種親族制度（Les systemes de parente）是受動的（消極的），他們不過是在一長距離的時間登錄一些由家族在多年的進程中所造出的進步。只有當着家族起了根本變化的時候，他們才起根本的變化，』

摩爾根這個定義是很顯明的。馬克斯又加着說道：『親族制度同各種政治，法律，宗教及哲學的體系是一樣的。』　家族營永續的生活，親族制度即於其中脫胎而由習慣的勢力以維持其存續，然家族總是超過親族制度的範圍而發展的。據摩爾根的研究，人類從無限制性交的原始時代出來之後，次第演進到下列四種家族形式：

A. 血統家族（La famille consanguine）

B. 夥伴家族（La famille punaluenne）

C. 對偶家族（La famille syndiasmique）

D. 一夫一妻家族（La famille monogamique）

第四章　血統家族

無限制性交發展到恰當的時候，形成一種比較高等的性交形式，摩爾根叫做血統家族。血統家族之中，實行按照代輩而分配的羣體配合：一切祖父與祖母輩，在家族界綫以內，他們之間成爲夫妻，這是第一個共同配合的階級；祖父祖母的兒女，換過說卽一切父母輩，爲第二個共同配合的階級；父母的兒女輩—卽第一階級之孫輩，爲共同配合之第三階級；第一階級之曾孫輩爲共同配合之第四階級。在這樣的家族形式裏面，與無限制的初期性交完全相反，大輩與小輩的性交是被排除的。換過說，父母與兒女，祖輩與孫輩之間不得有結婚的權利與義務；性交的範圍限於兄弟姊妹，表兄弟表姊妹，或其他疎遠的兄弟姊妹輩之間。他們一面互爲兄弟姊妹，一面又互爲共同的夫婦。年齡平等，爲這個性交時代的主要理由。

血統家族雖早已絕跡，然而我們不能不承認他從前確曾存在。例如夏威夷名存實亡的親族制度，從前卽建立在這樣的血統家族之上。我們不能不承認這樣的血統家族一面爲亂婚的進步，一面又爲後來家族發展之必要的預備階級。

第五章　夥伴家族

每個原始的家族—卽血統家族—發達到幾代之後，分裂爲幾個原始的共產家庭。這樣的家庭一直統御到半開化時代的中期以前，他所散布的幅員很廣大，幷且限定於每個一定的地域。

血統家族何以凋謝呢？因爲人們發生血統性交不適宜的經驗與觀念，於是舊家族之間起了一種有力的分裂作用，而形一成些新的共產家庭；而一個或幾個姊妹成爲一個新家庭的中心。用這類方法，由血統家族產出的新家族形式，摩爾根叫做夥伴家族。

按照夏威夷的習慣，一定數目的同母姊妹或疎遠姊妹爲她們的共同丈夫之共同的婦人，但是她們的兄弟不得爲她們的丈夫。做了他們丈夫的男子們雖屬兄弟，再也不得互呼爲兄弟，只得互呼爲碧蘭侶（Punalua）。同樣，在她們自己之間雖屬姊妹，再也不得互呼爲姊妹，也只得互呼爲碧蘭侶。碧蘭侶的意義猶云夥伴（Canpagnan或asocie）。這樣的家族形式雖有些連續的變化，但其主要的特性總是：在確定的家庭範圍以內，男女互相共有，起初排除婦女之同母兄弟，復次又排除她的一切疎遠兄弟。所以夥伴家族的進步，不僅排斥親子間的性交，而且排斥一切兄弟姊妹間的性交。這樣的進步，比較年齡平等的理由更爲重要，而且更爲困難。所以這樣的家族不是驟然完成的，乃是經過長期的天演，漸漸完成的：開始不過在某幾種特殊情境中，按照母系，排斥同母異父的兄弟姊妹間的性交，其次漸漸成爲規律，最後乃禁及旁系兄弟姊妹間的結婚。

在夥伴家族中，建立下列的親族關係：母親姊妹的兒女即爲母親的兒女，因爲母親姊妹的丈夫常爲母親的丈夫；父親兄弟的兒女即父親的兒女，因爲父親兄弟的妻子常爲父親的妻子；但母親兄弟的兒女則爲母親的姪兒姪女，父親姊妹的兒女則爲父親的甥兒甥女，而均爲我之表兄弟表姊妹。兄弟姊妹間的性交爲社會所不許，故將兄弟的兒女與姊妹的兒女劃爲兩個階級；從此兄弟的兒女與姊妹的兒女不得互爲兄弟姊妹，不能有共同的兩親，他們只能互爲表兄弟表姊妹。姪兒姪女表兄弟表姊妹等名稱，在從前血統家族裏面雖也使用，但是至此才合實際，才有意義，而成爲必要。這樣的家族形式，十九世紀還存留於夏威夷；這樣的親族關係，十九世紀還存留於伊洛葛。

夥伴家族所以成立的主要原因，大約是因爲血統婚姻生殖不繁，不足以應付生產上（畜牧及其他）人力的需要。所以摩爾根說，這是自然淘汰的原則具有何等作用之顯明的圖解。夥伴家族發展的結果，乃超出於他的目的以外而產出以後一切民族之社會基礎的『氏族』組織。氏族發展的主要原因，大概由於婚制改良，人口增加，有分成衆多小羣以便謀生的需要。

在最大部分的情境，氏族的組織是直接由夥伴家族產出的；而氏族的基礎總是建立在母權之上。無論在任何羣體婚姻的家族形式中，兒女總不能確認其父而只能確認其母。所以共同家族的全體兒女，各個母親皆呼之爲兒女，對於他們有同樣的母的義務，而沒有自己的兒女與別人的兒女的區別。然則這是很顯明的，羣體婚姻既到處存在，後嗣只能確系於母，由此母權遂成爲惟一公認的事實。母系不僅盛行於野蠻時代各民族中，而且一直統御到半開化時代的高期。

現在可於夥伴家族中舉一個具體的形態來說明：在這樣的家族中，有一列同母的姊妹們或疎遠的姊妹們，同着她們的兒女以及她們母方的親兄弟，這一個範圍的個體，不久卽屬『氏族』的組成分子；他們全體有一個共同的主母，大約以姊妹們中之年長者爲之。這個主母，在姊妹們的幾代之後卽爲女性後嗣的始祖。但是姊妹們的丈夫決不是她們自己的兄弟，所以她們的兄弟決不能在這個家族中傳後。並且她們兄弟的兒女不屬於這個在後成爲『氏族』的血統團體；只有姊妹們的兒女屬於這個血族團體，因爲惟有母系的後嗣是明確的。一切兄弟姊妹(包括旁系兄弟姊妹)間的性交，在這樣的血族團體中嚴格禁止。這樣的血族團體不久卽變成爲『氏族』，就是由一羣相互間不得通婚的母系血族份子組成的。這樣的團體漸漸由社會的宗教的各種共同制度而益鞏固，遂與同一種族內其他『氏族』各自區別：每個氏族取一禽獸之名以爲圖騰(卽標識之意)，而規定蛇氏族只能與犬氏族通婚，或熊氏族只能與狼氏族通婚。由此羣體婚姻成爲非血統的氏族間的婚姻。這樣婚姻的結果，產生極合天演的種族，體力精神皆比血族婚姻的產兒爲優。

當摩爾根著書的時候，世人關於羣體婚姻的知識極其有限，其時優秀的原史學家只知道些澳洲土人羣體婚姻的事實，至一八七一年摩爾根才將他所具有的關於夏威夷夥伴家族的各種報告發表出來。一方面正在伊洛葛盛行的親族制度完全足以說明夥伴家族，摩爾根卽以此爲他一切研究之起點；別方面，摩爾根又認定夥伴家族爲母權氏族之起源；最後，摩爾根又以澳洲的階級婚配顯明夥伴家族爲較高的發展階段。

英國傳教師費森 (Lorimer Fison) 在澳洲研究土人的家族形式多年，關於羣體婚姻的報告是很豐富的。他在南澳洲的岡比爺 (Gambier) 山中發見澳洲黑人極低程度的婚姻配合。一個種族分成爲兩大階級，一個叫克洛基(Krokis)，一個叫居米德(Kumites)。每個階級的內部嚴禁通婚；克洛基一切男子爲居米德一切女子的丈夫，居米德一切女子爲克洛基一切男子的婦人。這不是個體的婚配，但是兩個階級的羣體婚配。除掉兩個外婚階級的區分以外，其中絕無年齡差異或特別血統的限制。一個克洛基的男子可以與一切居米德女子結婚；但是他與居米德婦人所生的女，在習慣上爲克洛基一切男子的妻，也可說就是她的父親的妻。然則按照這樣的組織，對於本能的衝動雖業已加以限制而不許其在自己的族內傳種，但是對於親子間的性交則還未發見特別的嫌忌。所以這樣的階級婚配或者是由無限制的性交狀態直接產生的；或者當兩階級分化時，親子間的性交即已由風俗禁止，而現在的狀態已回溯到血統家族而又做成超出血統家族之第一步，亦未可知。後者的推測大約較爲近眞，因爲在澳洲土人中既未發見親子間羣體配合的例證，而於後起的外婚形式之外又發見建築在母權之上的氏族。克洛基和居米德二族皆爲母權所統御；並且已有母權氏族而尙無夥伴家族。此乃家族歷史中極耐尋究之一問題；照摩爾根的推究，則以此種階級婚配爲發展程度低於夥伴家族之組織。

兩階級制不僅發見於南澳岡比爺，而且發見於大林河(Darling)以東及坎斯蘭(Gueensland)的東北各地，可見這種制度是散布很廣的。在這些地方，母方兄弟與姊妹之間，兄弟的兒女之間，及姊妹的兒女之間禁止結婚，因爲這都是屬於同一階級；反之，兄弟的兒女與姊妹的兒女之間可以結婚；因為他們不是屬於同一階級。

在大林河沿岸及新加爾（Novslle-Galles）南部的加米拉洛（Kamilaroi）人中，又起了一種新進步，限制血族通婚；於是原來的兩階級分裂為四階級。四階級中的各個階級只能與別個限定的階級羣體通婚。第一階級和第二階級的男女，彼此為生成的夫婦。但是母親屬於第一階級或第二階級，則其兒女屬於第三階級的或第四階級；第三階級和第四階級的兒女（他們之間又同樣的結婚）又從新屬於第一階級和第二階級。由此，第一第二階級的後代和第三第四階級的後代常常展轉相屬；因而母方兄弟與姊妹的兒女不能成為夫婦，要輪到兄弟與姊妹的孫兒女才得成為夫婦。這樣特別複雜的制度，（這確是後起的現象，若係從無限制性交產生的，決不會這樣複雜。）因為要與母權氏族接合，所以又增加一層錯綜。

澳洲的階級婚姻，為羣體婚姻中之很低級很原始的形態；然而夥伴家族之發展程度則比較高得多。澳洲的階級婚姻似乎為適合於飄流無定的野蠻時代社會情況之家族形式；而夥伴家族則已建立在相當確定的共產村落之上。在這兩種形式之間，也許還可發見些居間的階段；但在十九世紀末年不過初闢一塊這樣研究的領域，並且現在還沒有得到什麼進步。

第六章　對偶家族

在夥伴家族之下，氏族愈發達，『兄弟』和『姊妹』階級愈多，而兩者的通婚愈不可能，由此漸漸發生對偶婚姻。因爲氏族內部嚴禁血族通婚，而每個氏族的親族關係又異常複雜廣大；如伊洛閣及其他尙在半開化初期的印第安民族——他們的親族關係有幾百種之多，即被禁通婚的親族有幾百種之多。因爲被禁通婚的範圍如此複雜廣大，所以羣體婚姻逐漸漸成爲不可能，而被對偶家族奪其地位。由此家族歷史中遂闢一個體婚姻的新紀元。

原始家族歷史的發展，範圍是很狹隘的，原來包括全種族於家族範圍內，全種族的兩性間爲共同的婚配；漸進始排除近親間的性交；復次排除的範圍及於遠親；最後則使羣體婚姻歸於不可能，而僅留一暫時的對偶關係。這樣的關係是很脆弱的，彼此是容易分離的；分離之後，子女仍屬於母，彼此可以從新結婚。

在以前的家族形式中，男性不憂女性之缺乏，女性間或多過於男性；到了初入對偶家族時代則不然，女性很爲稀少而難尋。所以對偶婚姻實隨女性的掠奪與買賣而開始。女性的掠奪與買賣乃是羣體婚姻根本變化到個體婚姻的普遍表徵。掠奪婚與買賣婚的遺跡，在現在一些開化民族的婚制中還可以發見。金銀結婚爲純粹購買婚的遺傳，而男家送給女家之婚禮更爲購買婚之顯著的遺跡。至掠奪婚在文明各國之遺跡則有所謂結婚旅行，故德人呼結婚旅行爲擄掠，因爲這是女子男被子擄去而離其父母之鄉的顯明表徵。至於中國搶親的習慣，現在還是存在。

照美洲印第安人的習慣，訂婚不是男女兩造的事情，總是委之於其母；在訂婚期間，男女兩造完全不知道，等到婚期接近的時候，母親才使子女知悉；婚期將臨，男方必送女方親屬以重禮，以爲引渡新娘之價格。這樣的婚姻，兩造可以隨意分離；然而多數印第安種族，例如伊洛葛，已漸漸公然嚴格的反對掠奪婚姻。當夫婦發生爭議時，兩造氏族的親屬出爲仲裁，如果兩造解約離婚，則兒女仍屬於母，彼此可以自由從新結婚。

對偶家族的本身既很脆弱，又不堅固，所以對於單獨的家庭生活僅止稍微嘗試其需要與意願，然而絕不能取消以前的共產家族。因爲共產家族不僅是一個婚制的變化可以取消的，要財產上起有根本的大變化才能取消。共產家族的意義，就是婦女在家庭中占主要地位（因爲子女只能確認其母而不能確認其父），母性具有最高的崇敬。這樣的觀念，在十八世紀的哲學家還視爲荒謬。他們以爲婦女在原始社會卽爲男子的奴隸。其實，婦女在野蠻時代和半開化時代的初期，中期，以及高期之一部分中，不僅站在極自由的地位，而且站在極重要的地位。卽在對偶家族中，婦女的地位還極重要。據久居伊洛葛西尼加斯族中的傳教師佛立特（Wright）的報告：『他們的家族還是同居於古昔的「長屋」之中，這種長屋就是他們的共產家庭。其中氏族制度還是盛行，婦女取別的氏族之男子以爲夫。普通一般，家庭以內完全爲女性統治。供給物是共同的；但是共同供給物之配與，不幸可憐莫過於那些拙劣而怠惰的情人或丈夫！家中無論已有幾多孩子或幾多財產，丈夫無時不要打好他的包袱而準備滾蛋。如果妻要他滾蛋，他是不能抵抗的，須立即跑回他自己的氏族，再找別的婦女去結婚。婦女於氏族中具有絕大的權力，幾乎到處是一樣的。』

此處有一問題：羣體婚姻在美洲是否已完全爲對偶婚姻所驅逐？這須於美洲西北部和南部建立一些新研究，這些地方的土人還在野蠻時代的高期。但以北美而論，至少在四十個種族的舊習慣中，凡與一個氏族之長姊結婚的男子，又可以取其全體妹妹的妻（當她們達到成年時），所以一團姊妹共有幾個男子的事還常發見。這都是羣婚還未完全絕跡的明證。據潘克洛說：還在野蠻時代高期的北美加里佛尼島人（Californie），他們於某幾個節慶日舉行大集會時，有好幾個種族的男女從各處來會，目的就在乘此機會互相性交。這就是保留各種族間羣體通婚的暫時紀念。同樣的風俗，在澳洲也盛行：其中有幾個種族，其酋長，覡祝，和長老對於婦女有獨佔權；但是到了某幾個節慶日舉行大集會時，例須放任其獨佔之婦女去與少年人尋快樂，而復現原始的共同性交之縮影。威斯特馬克（Westermarck）在印度好斯人（Hos），山達爾人（Santa's），彭加人（Pandschas）和哥達爾人（Catars）及非洲某幾個種族之間，彙集這類的風俗極爲豐富，當各種大祭舉行之日，即實行太古的自由性交。

由羣體婚姻進化到對偶婚姻的過渡形式怎樣呢？照巴學會的發明，即爲婦女定期贖罪以購買專一的結婚權利。在贖罪期中，婦女爲有限的賣淫，以爲違犯上帝律令（即一切男子在這個婦女上面的傳種權利）之處罰。如巴比倫婦女，每年須到蜜里達寺（Mylitta）賣淫一次以贖罪；此外，亞洲西部各種族，少年女子在結婚之前，必須送到亞蘭帝司寺（Anaitis）住居幾年，任她們在寺中自由選擇一些情人去戀愛。同樣的風俗，在地中海和干支河（Gange）之間的亞洲各民族也普遍的盛行，並變成爲宗教的習慣。至於不帶宗教色彩的諸民族，如古代塞拉斯人（Thraces），克爾特人（Celtes）……現今印度土人，馬來人，海洋洲人，及多數美洲印第安人，他們的少年女子到了結婚時候，便享有極大的性的自由。

又有一些民族的習慣，未婚夫的親屬與朋友或結婚時的賓客，在訂婚後或結婚時，可以同他的未婚妻性交。這樣的風俗，不僅古代非洲阿及爾人（Augiles）巴列爾羣島人（Baleares）有之，現今地中海西岸巴勒人（Bareas）和亞比西尼人（Abyssinie）還是盛行。此外更有其他民族，他們的酋長，法師或王，有享受本族一切未婚妻第一夜之權利。酋長，法師，王……就是一個嘗試一切新婚初夜權（Tus pringe noctis）的代表團。這種新婚初夜權，在北美亞拉斯加人（Alaska）和墨西哥北部達休人（Tabus）中，都是羣體婚姻的殘跡。即歐洲中世紀的封君，對于農人的妻女也還享有這種權利。

對偶家族的出現，恰好劃分野蠻時代和半開化時代的界限。對偶家族的發生，通常總在野蠻時代的高期。間或也有發生於半開化初期的，不過爲僅見而非通例。然對偶家族的發展，則幾乎橫過半開化時代的全部。因爲自然淘汰的結果，卒至完全排除共同的羣體婚姻，使婚姻團體降到最後的單位：以一男一女爲配合要素而建立對偶家族。自對偶家族登台，人類社會又發生一種新動力而向新的社會秩序發展。

第七章　一夫一妻的家族

一夫一妻的家族，是從對偶家族發達到文明時代的新界綫產生的。她是建立在女權頹廢而男權確立的新基礎上面；她是母系制度覆滅而父系制度勃興的新產物。她的顯明的目的是生育確認的父性兒童，以承繼父系的財產。她與對偶家族的區別是婚姻關係極其堅固而不容易解散；並且只有男子可以決裂這種關係而拋棄女子，女子是很難與男子決裂的；就是貞操也只專責於女子，而男子則別有方法以保持從前自由性交的愉樂。

母系制度的覆滅和父系制度的勃興，是生產方法進化所攜來的一大社會革命，並且是人類歷史上第一次的大革命。這個革命的結果，把從前婦女在氏族社會的主要地位完全推翻；從此以後，婦女完全隸屬於男子而處於奴隸的地位，──婦女在歷史上要算是首先罹受奴隸地位的人類。

關於母系制的經濟理由，居諾甫頗有所發明。照他的研究，女子不僅是原始時代家庭工業的創始者，並且是原始時代的農夫。家庭工業在原始物物交換時代佔有重要位置。最初的分工是女子種植園蔬而男子飼養牲畜；在這分工基礎之上，一切社會秩序隨着排列。而自有兩性的結合以來，婚姻並非爲雙方想得理想上的快樂而起之倫理關係，大部分乃是經濟的和勞動的關係。婦女因爲在生產地位上之重要，所以在氏族社會上也居重要的地位。這種重要地位，非生產上起有根本的變化是推不翻的。

是故兩性的關係，是隨着生產方法之變更而變更的。每個時代有每個時代的生產方法，卽每個時代有每個時代的婚姻制度。所以羣體婚姻爲野蠻時代的特徵；對偶婚姻爲半開化時代的特徵；而一夫一妻制爲文明時代的特徵。

在畜牧與鐵器未發明以前，生產方法很不完全，一個氏族的勞力剛足以維持一個氏族的生活，氏族人員全體勞動所獲的財產卽由婦女分配於全氏族的人員共同消費，而無幾多餘剩以歸於個人，在這樣的時代，決不會發生奴隸，也決不會搖動婦女的地位。但是畜牧與鐵器發明以後，生產方法異常進步，商業又隨着城市而勃興，擴張土地和刧掠異族的財富或勞力的戰爭也跟着發達，由是使直接參與生產交易或戰爭的男子地位逐漸增高，並使他們漸漸獲得豐富的私有財產；結果，便把母系氏族的共產組織根本動搖起來。

就東半球而論，在半開化時代的初期，人類的勞力除維持消費外，還不能產生有價值的剩餘物品。他們經常的財富還只限於衣食住以及粗糙的寶玩或調製食物的必要工具——如船，武器，與極簡單的家具。他們的食物是得日過日的，並不能先事貯蓄。但是畜牧發明以後，牛，馬，駱駝，驢騾，豬羊，……等獸羣日益繁殖；家族人口的增加，遠不及牲畜增加之迅速。即家族內部漸漸發生勞力缺少的問題——一個氏族的人口，不夠看管其日益繁殖的畜羣。及到半開化時代的高期，加以鐵器與農業的開發，勞力缺乏的問題愈增嚴重。由此遂於上列各種生產方法外，更產生一種新的生產方法，——就是奴隸制的發明。

在從前野蠻時代，各種族間每因互爭漁獵而發生戰爭，對於戰俘的處置只有殺死之一法；現在則不然，男的屈伏爲奴，女的配與族人爲妻。掠奪婚姻與購買婚姻也就從此開始。隨着各種助長男性經濟地位的交易事業，戰爭事業逐漸發達，婦女的商品化也逐漸普遍。從前女性的配合是很容易的，現在則勞力漸覺稀貴，而女性亦漸具有相當的交換價值。加以男子經濟力發達，不甘屈居女權之下的心理與欲望也逐漸增高：故開始從別的種族掠奪女俘爲妻。這樣的掠奪婚姻，自然惹起各種族間川常的戰爭狀態。復次乃發見免除母系結婚制的束縛之另一方法，並且是和平的方法，——這就是購買婚姻。用購買的方法，可以限制其妻與她的血族斷絕關係，而純粹成爲夫之所有品，給夫育兒以繼承其財產。

同時採用母系婚姻與買賣婚姻兩種婚制以表示其過渡狀態的種族，現還不少。如白尼維河流域土人裏面的婚制，妻只在一定期間承認夫的主權；結婚前，兩造的族長例須會合以決定新婦的代價，代價是以一禮拜中承認夫之主權的日數爲伸縮的；族長們大聲叫喊的講價與還價之後，結局決定新婦在一禮拜中守幾日貞操，其餘的日子則任新婦有自由行動之權。蘇門答臘的士人也有兩種結婚方法：一種是純粹的母系結婚制；一種是夫把妻完全當作財產收買。如果夫能將妻的身價金全部交完，妻就絕對作夫的奴隸；如果大部分不能交納的時候，夫就作妻家的奴隸而從事勞役。錫蘭士人也有兩種婚制：一種是妻在母家招贅或住於母家的附近，有繼承母家遺產之權；一種是妻嫁於夫家，喪失在母家一切的權利。在米崙亞高原的士人，一般的婚姻習慣，總是男子移居於妻家；但如男子交完了身價金的時候，即能取妻回到自己家裏去。在贊貝希地方的士人，父可以用家畜和母交換子女；但如沒有家畜來交換，則子女仍屬於母。在非洲巴維亞種族裏面，母有典當子女的權利；但事前須得與父商量。在愛福利海岸的士人亦然，母可典當子女，但父亦有贖回的權利。這些都不是稀奇的風俗，乃是全球各民族由母權演進到父權之必經的階段。

由以上所述種種過渡形式看來，可知婦女發生身價問題並不是婦女的幸事，但是女權衰微的表徵。女子因爲這樣，才成爲男子的所有品，與其他商品沒有區別，同時又可知道男子對於妻和子女的主權，完全是由賣買這一點確立的。所以男性的勝利，決不是體力和智慧優越的結果，不過是經濟優越的結果罷了。

由母系制演進到父系制，由氏族的共同財產演進到個人的私有財產，都不是驟然突變的，乃

是經歷長遠的年月徐徐進行的。自畜牧發明，新的財富陡增；但這種新財富屬於誰呢？原來屬於氏族，是不用說的；但畜羣發達到恰當的時候，便漸漸成爲特別的財產，換過說，卽共產家族的族長在這種財產上面漸有特別的權利。按照這樣特別的權利，一個氏族的畜羣漸漸視成爲族長的財產；惟族長有承繼氏族財產的資格，因而族長的地位也漸漸變成爲世襲的。然而這不過是向個人財產演進之最初階段，並非個人財產卽已確立。

婦女在氏族社會所居地位之重要，其原因不外下列三種：一是婦女在幼稚的生產事業上佔有相當地位；二是羣婚結果，父性難明；三是母系氏族制和相續制，婦女取夫於別個氏族，男性們—丈夫，兒，及其兄弟皆居於從屬地位，而她們居於主人地位。但對偶家族發生，父性卽已分明；及各種新財富不停的增加，於是遂逐漸動搖母權氏族的社會基礎。由此男女分工，顯然開始：婦女保守家庭，男子供給食物與一切必要的勞動工具。等到新的勞動工具—奴隸—發生，男子遂成爲一切食物，牲畜，勞動工具與奴隸的財主；更遲，他們卽以其財產勢力建立性質全然不同之家族。於是由母權氏族發生父權氏族，而眞正的母的地位乃代以眞正的父的地位。至此對偶婚姻亦長辭人世，而硬性的一夫一妻制遂以確立。

但是當男子的經濟勢力還沒有發展到顯然與舊的共產家族抵觸的時候，當母權的習慣勢力還可支持的時候，父性確認的兒子並不能承認其父的遺產；因爲按照原始遺產的習慣：死者的財產，開始是歸於氏族的全體人員；其後也只能歸於死者的近親；近親仍屬氏族的人員，即遺產仍歸於氏族。並且遺產歸於近親，乃是歸於母系血統的近親，而不歸於死者的兒童；因爲死者的兒童不屬於死者的氏族。所以兒童們只能承繼母的血族及母的自身的遺產，而不能承繼其不同氏族的父的財產，即財產還是屬於氏族。死者的財產既不能傳於其兒童，然則傳給誰呢？不用說傳於其兄弟與姊妹以及姊妹的兒女，或死者的母親的姊妹們的後裔；至於他自己的兒童是不能承繼其財產的。

財產繼續增加，一方面使男子在家族中的地位重要於婦女，別方面又使男子發生推翻母系社會制度而傳其財產於自己的兒子的思想。但是這個不是母權系統還在實行可以做得到的；這個須廢除母權才能實現。結果，卒把母權廢除了。然而廢除母權絕不是一樁容易的事，如今日我們所想像的一樣；因爲這乃是一個人類從來沒有的極可驚駭的大革命。

然而這個大革命，却不傷害氏族人員之一丁一口，氏族人員的全體仍然可以如從前一樣的在氏族裏面；他只須簡單的決定：『將來只有男性的後嗣在氏族裏面，而女性的後嗣則嫁出於氏族之外。』這樣決定的意義，就是把母的地位移於父的地位，把母權氏族變成爲父權氏族。由是母系與女性相續權廢除，而父系與男性的相續權確立。

這種革命在各開化民族中是何時完成的或怎樣完成的，我們不能詳知；但總可以斷言是在有史以前的時代完成的。據巴學風及其他原史學家搜集的各種證據，以及現還存在於各半開化民族中的母權遺跡看來，確經完成這樣一種革命是毫無疑義的。在美洲各種印第安人中，現還正在進行這種革命，其原因有二：一是財富增加和生活變動（由森林移居牧場）的影響；一是歐洲文明和基督教侵入的影響。在北美米索利（Missouri）的八個種族中，已有六個種族確立了父系和男性相續制；其餘兩個種族則還實行母系和女性相續制。在夏尼人（Shannies），馬米人（Miomies），和狄拉瓦人（Delawares）—皆印第安人—採用的習慣，通常總是給兒童以屬於父的氏族的名稱，俾兒童能承繼其父的財產。

註—男子體力與智慧的優越並不是原來生理的天賦，但是幾千年中所處社會的和經濟的地位之結果。男子因為所處地位優越於女子，並且又隸屬女子為其家庭之奴隸，故極自由極完全的發展其本能。白洛嘉（Broca法國著名外科醫家，一八二四—一八八〇）與格拉鳩列（Cratiolet 法國生理學家，關於腦部研究極著名，一八一五—一八六五）辯論腦部重量與容積的關係之後，也公然承認婦女智慧的低下完全由於教育卑淺的緣故。這種眞理，經馬諾佛勒（Manouvrier，白洛嘉的學生，巴黎人類學院的教授）的測驗更加證明。馬諾佛勒測驗的結果：近世巴黎男子腦蓋的平均容積與石器時代男子腦蓋的平均容積差不多是一樣的重；而近世巴黎女子腦蓋的平均容積則比石器時代女子腦蓋的平均容積輕得多。其測驗表如下：

件數	容積
77 男性	……1.560（百分之一立方米突）
41 女性	……1.338

近世巴黎人腦蓋平均容量表

58 男性	……1.544（百分之一立方米突）
30 女性	……1.422

石器時代的腦蓋平均容量表

由上表看來：野蠻男子腦蓋平均的容積比較文明男子的低一六百分之一立方米突；而野蠻女子的平均容積反比文明女子高八四百分之一立方米突。

第八章　宗法家族

母權的推翻，是女性在歷史上一個大失敗。男子既在家庭中取得統治權，婦女卽成爲單純的生育機械與供男子使用之奴隸。男性的專制權初建立的時候，我們可於上古各開化民族中發見一種中間的形式，—即宗法的家族。這種家族就是在這個時候發生的。

宗法家族是個一定數目的自由人與非自由人的組織；全組織在家長式的父權統治之下。如閃密的族的家族形式，家長還是過多妻生活；妻妾兒女皆爲其奴隸；全組織的目的，在於一定的地方看守其畜羣。

父權與奴隸的組合，是宗法家族的主旨。羅馬的家族，也就是這一類家族的完成模型。所以家族(Familia)的字義，原來即是屬於一個男子的全體奴隸之總稱，而家人（Familus）一字，即等於呼喚『家庭奴隸』。Familia 與Familus 即爲羅馬文闡明新社會組織的表辭；故在語原上，並沒有如後世感情主義之含義。在這樣的社會組織裏面，家長之下有妻妾兒女與一定數目的奴隸，家長對於以上所有的人操有生殺的權柄。這樣的宗法家族，顯然是由對偶家族到一夫一妻制的過渡形式。爲的要確定婦女的貞操以確定兒童的父性，婦女遂完全無保留的交出一切權力於男子。即使男子殺她，也是男子應行使的權利。

宗法家族，已經是入了有史時代的領域；實際上也是家族演進的一個大進步。在上古閃密的族和亞利安族各開化民族中，皆經過這樣家族形式的階段。現在在東歐以及亞洲各處，還是多少存在。

在塞爾維亞和保加利亞存留一種介乎共產家族與近世一夫一妻制之間的過渡程序：在南斯拉

夫人民中，共同的大家庭（Zadruga）還是存在；這種大家庭裏面包括同一父親的幾代後裔；他們共同住在一棟大房屋，共同耕作土地并且共同消費；生產品的剩餘，亦爲共同所有。共同家庭的男主人，對內握有全家的管理權，對外有規定一切生產品之價格的權利責任。這樣的家主是選舉的，並且不須年老者。全家婦女在女家主的指揮下工作，女家主通常就是男家主的妻。婦女們皆有選舉權，女壻的選擇，例由她們作主。但全家的最高權是屬於全家壯年男女的會議；男家長做過各種報告後，由會議解決各種問題，決定較爲重要的財產的買賣—特別是土地；家人犯了罪過亦由會議審判。

這一類的共同家庭，在集產村落盛行的俄羅斯還屬產生不久。至於中國宗法的大家庭，亦常以『九世同居』或『五代同堂』爲美談。幾代同居的老房屋，在各處還存留不少。這種宗法的大家庭，簡直統御中國有史以來的家族生活，不過至最近幾十年，受着國際資本帝國主義的壓迫和影響，農業經濟和家庭經濟根本崩潰，這類大家庭才迅速的崩潰起來。不然，雖世世代代有敢於變法之商鞅，也不能完全剷滅這類大家庭的存在，因爲她完全是建築在農業的經濟基礎上面。

然而文明初啓，一夫一妻制即隨之而俱來，何以不能立刻實現如近世一夫一妻之簡單的小家庭，而必須長期經過那樣複雜的宗法大家庭呢？這沒有別的解釋：只是因爲近世的生產單位已由大家庭移於大工廠，故專爲傳種與享樂的小家庭才能成立；在文明初啓以至大工業未發明以前的時代則不然，畜牧與農業正要求有此複雜龐大的宗法家族之存在，因爲幾百幾千頭牲畜和幾千幾萬頃田畝，决不是一夫一妻的小家庭可以經營的。

所以，無論在何種宗法的大家族中，必定具有一種共通的主要條件，卽必定具有一項共同的土地。宗法家族在一切開化民族中盡了一種偉大的作用。爲引導母權家族到一夫一妻的小家庭之擺渡。並且其所佔的時間是很長的，簡直橫亘奴隸經濟制和隸屬經濟制之兩個整個的時代。由此，我們可知宗法家族是同奴隸制度而俱來的。

第九章　三大時代之三大婚制

麥克林蘭以爲人類婚姻只有一夫多妻，一妻多夫，和一夫一妻的三種形式；其實一夫多妻和一妻多夫不過爲兩種例外的形式，也可說是家族歷史中的奢侈品，並不成其爲普遍的婚姻制度。男女人口的比例，總要在約略平等的狀況之下，才有成爲普遍的婚姻之可能，所以多妻與多夫絕不能成爲普遍的婚制。

我們從歷史的事實研究，一夫多妻顯然是從前奴隸制度中產生的，並且限於某幾種特殊的情境。例如在閃密的族的宗法家族中，家長自身及其長子或至多某幾個兒子可以過多妻生活，而其餘的人則只能過一妻生活。這樣的事情，在東方尤然。例如中國，畜妾與多妻，不過是富人的特權；『小老婆』大都是由金錢購買來的；至於一般民衆，大概總是過一夫一妻的生活。廣東地方的風俗，凡稍爲富裕之人，即須畜妾三四，以點綴門面；若在稠人廣衆之中，問及某富人只有一妻，則被問者及坐衆，無形中皆覺不甚『體面』。這尤足以證明多妻爲富人之奢侈品。

在印度與西藏的一妻多夫，也同樣的爲一種例外，原來不過是羣體婚姻的遺跡。在印度的蘭夷斯人（Naies）通常總是三個或三四個以上的男子共一妻；但其中的每一個男子又可與別幾個男子再共第二個，第三個，第四個……。所以這樣婚姻的實際，不過是羣體婚姻的特殊形式，女子固然是過多夫生活，同時男子也是過多妻生活。

一夫多妻與一妻多夫存在的條件完全相反：一夫多妻存在的地方是生活富裕的人家，一妻多夫存在的地方是生活艱難的人家；一夫多妻存在的地方婦女數目是很多的，一妻多夫存在的地方婦女數目是很少的；一夫多妻，在東方溫帶地方（如中國）或熱帶地方現還盛行，而一妻多夫則盛行於寒帶各高原或冰帶地方如西藏各高原，南印度的蘭夷斯，以及愛斯基馬(Esgnimaux在白冷海峽之間）等處。

一妻多夫所產生的兒女，只有從母系屬爲可能。她的丈夫們通常都是兄弟：當大哥同一個女子結了婚，則其餘各弟弟都成爲這個女子的丈夫。然而女子有更以別人爲夫的權利；男子也可有幾個妻。

上面已經說過，實行一妻多夫的各民族類皆住於寒帶各高原和冰帶地方。據性之病徵的著作者達諾甫斯基（Tarnovsky-Les Manifestation Maladives du Sens Sexnel）說：有個久住於寒帶各高原的旅客告訴他，住在這些地方的人們性慾自然的減低：達諾甫斯基以為性慾減低足以說明這些地方人口蕃殖率的衰弱。因為人口蕃殖率之衰弱，所以不得不勉強婦女過多夫生活。婦女罹受多夫的影響，體力自然更要衰弱。愛斯基馬的女子，普通一般，要到十九歲才有月經；然而熱帶地方的女子九歲十歲卽有月經，溫帶地方的女子十四歲或十六歲卽有月經。所以熱帶地方性慾增強，而多妻制盛為流行。

熱帶地方生活甚易；而寒帶各高原或冰帶地方，生活極其艱難。一妻多夫制完全是適應這種生活艱難的情境產生的。這很足以表明生產方法及於兩性關係的影響之強大。因為生活艱難，所以又發生殺死女孩的惡習；因而男女人口永遠不均，卽一妻多夫制永續不絕。

由以上一切的陳述，我們可得適合人類進化的三大主要時代之三種主要的婚姻形式。而一夫多妻與一妻多夫不過為兩種例外的存在：卽野蠻時代為羣體婚姻；半開化時代為對偶婚姻；文明時代為一夫一妻。三大時代各自有其特別的生產方法，所以三大時代亦各自有其特別的婚姻制度。野蠻時代食物生產停滯於極原始的狀態（漁獵），男女在極閉塞的環境中作同樣極簡單的工作，以滿足其極質樸的生活，所以兩性生活也同樣停滯於極原始的極簡單的情形之中（羣體婚姻）；半開化時代畜牧與耕地逐漸發達，人口亦比例的增加，有分開以便利用新牧場和新耕地之必要，由此兩性生活遂演進到一種不固定的個體組織（對偶婚姻）；及到文明時代開始，男子逐漸成爲手工業的工人，商品的所有者，或戰擄品的暴富者，以至蔚爲一切牲畜奴隸軍器工具的主人，在這樣新的經濟條件之下，遂形成一種新的家庭組織（一夫一妻）和人類前此未曾見過的大革命，將前此在氏族社會處主要地位的女子完全隸屬於男子之下。此處要接着說明的還有兩點：其一，母權被推翻時婦女採取怎樣態度？其二，文明時代一夫一妻的實質究竟怎樣？

第十章　母權與父權之爭鬥

母系的意義建立在原始共產制之上，在共產家族裏面，人人是平等的；父系的意義建立在私有財產上面，婦女處於附屬地位，並被壓迫。這樣的大變化，在各開化民族裏面不是同一時代完成的，並且完成的方法也是隨地不同的。

據恩格斯的意見，這樣的大變化大概是由和平方法完成的：只須各種新的權力條件（即經濟條件）已經存在，便很可簡單的決定將來只容男性的後嗣留於氏族裏面，而女性的後嗣則嫁出於氏族之外。這樣，便和和平平變成了父系的氏族。

巴學風的意見完全相反，他從一些古書中研究的結果，證明婦女對於這樣的社會變化曾經做過嚴厲的爭鬥和反抗。例如有一部古小說，描寫希臘英雄時代住在小亞細亞德馬敦流域（Thermoson）的一羣女英雄，她們的全體叫做亞麻藏（Amazones），她們就是反抗希臘各大英雄而與之血戰的健將。其中一個叫安丟白（Antiope），希臘著名英雄提西歐（Thesel），被她戰敗於德馬敦橋上；一個叫潘提西來（Penthesilee），她援救被希臘英雄亞格棉農（Agamemnon）和亞基利（Achille）等侵掠的特維雅人（Troyens）與亞基利苦戰而被殺……（相傳特羅雅太子入謁斯巴達王，悅王后美，掠后以逃，希臘諸勇士亞基利等出師征之，王兄亞格棉農時為密森尼（Mycene）王，饒勇善戰，衆推為帥）。凡此皆為婦女反抗新社會組織的證據。

據巴學風的研究，雅典母系被父系推翻的時候，也經過一些極強烈的反抗，這種進化簡直是一齣慘劇。於是巴學風從希臘神話中尋出下列故事以為母權與父權爭鬥的例證：

亞格棉農—他是密森尼的王。

克里太尼斯脫（Clytemnestre）—她是亞格棉農的妻。

阿勒斯特（Oreste）—他是亞格棉農與克里太尼斯脫的兒子。

伊碧奇尼（Iphigenie）—她是亞格棉農與克里太尼斯脫的女。

亞格棉農征服特羅雅時，大肆焚掠，歸途大遇逆風，舟師不能回，乃殺其女伊碧奇尼禱祭女神，以平女神之怒。克里太尼斯脫聞耗大怒，因為按照母權的習慣，女不屬於亞而屬於克；乃另與愛奇篤（Egythus）結婚；並且這也是從前法律所允許的事情。亞洛楊農自特維雅回到密森尼，克里太尼斯脫與愛奇篤合力弒之。其子阿勒斯特在祖護父權的少年男神亞波龍（Apollon）的命令之下，替父報仇，乃幷殺其母與母的新夫愛奇篤。

於是一些代表母權的女神愛林尼們（Erinnyes）起來追究阿勒斯特殺母的罪惡（按照母權的舊習慣，母是神聖不可侵犯的，殺母是最大而不可赦免的罪惡；如果族外人殺了族內一個母族，全族男子須起來復仇，由復仇行爲引起戕殺是全族男子應盡的義務）；而代表父權的少年男神亞波龍則起來爲阿勒斯特辯護。

此時少年女神雅典娜（Athena）被請爲裁判官；可是她也是祖護父權的。相傳亞波龍和雅典娜是沒有母的，他們是從希臘名神序時（Zeus）頭上的武器出來的。

現在且看兩造的對辯：

愛林尼們——男神叫你殺你的母嗎？

阿勒斯特——現在我不答覆這個。

愛林尼們——要辦你的罪呵，你尙有何說？

阿勒斯特——我很希望。我父將在墓中幫助我。

愛林尼們——怎樣呢？說給你的判者聽罷。

阿勒斯特——她是殺了她的丈夫，又是殺了我的父。

愛林尼們——你活而她死，她已償了這罪惡。

阿勒斯特——但是，假使她生存，你們會追究她嗎？

愛林尼們——她所殺的男子和她沒有血的關係。

阿勒斯特——我呢？我有我母的血嗎？

愛林尼們——哼！你是她懷孕的，你殺了你的生母呵！你還否認你和你母的血脈關係嗎？

愛林尼們既不承認夫權，也不承認父權；她們所擁護的只是母權。她們以為克里太尼斯脫殺了她的夫不算什麼重要。因為夫是外人，沒有血的關係。她們要求嚴辦殺兒犯阿勒斯特，因為照舊社會的習慣，殺母是莫可赦免的最大罪惡。但是代表父權的亞波龍，他的意見完全相反。亞波龍是承序時的命，教阿勒斯特殺母以復父仇的，所以起來為兇犯辯護。

亞波龍！現在我要說幾句話；我的話頗多呢。生他的並不是母，不過人們叫他為母的兒子。母不過是種子的食物供給地，然則生他育他的也就是這食物的供給地。母親接受這種子而保育之，才能求悅於上帝。我的話是有證據的，人們無須母也可以出世。例如序時的女郎可給我做證據。她絕沒有在黑暗的子宮裏面被養育過，因為沒有那個女神能產生這樣的孩子。

愛林尼們！少年神，你侮辱你的老女神們！

亞波龍這片強詞奪理的鬻話，給父系立了一個理論的基礎。孩子可以從父親的頭上生出而無須乎母，自然只有父權獨尊了。但這與從前的觀念是兩樣。照從前的觀念，孩子的生命與血都是母親給的，所以孩子皆爲母親所有，而父不過是個外人。故愛林尼們說這位少年男神侮辱了老女神。

兩造爭訟不決，是後乃用投票方法來解決。但投票的結果，兩造票數相等；於是雅典娜以主席的資格和袒護父權的態度，宣告判決：

判官雅典娜！現在我宣告判決。我給一票與阿勒斯特。我不是母親生的。無論如何，我是完全贊助男性的，不僅在結婚以前。的確，我是擁護父親的。並且殺了丈夫的婦人沒有什麼重要，因爲丈夫是家長。既然兩方票數相等，所以阿勒斯特是勝利者。

愛尼林們是代表臨終的舊社會秩序的；亞波龍和雅典娜是代表方興的新社會秩序的。這齣喜劇的結果是：新權力完全勝利；而舊權力完全失敗。

巴學風的母權裏面，又載了一個神話，很能表現上古希臘女子地位的變遷：

在基克羅普（Kekrops）時代，發生兩種奇蹟：橄欖樹和水，同時在地上湧出來了。國王驚駭，遣人請示於德爾非斯神（Delphes）。

神的答覆是：橄欖樹是指女神美麗佛（Minerve），水是指男神尼普東（Neptune），在這二神中無論取那一個的名稱去名這個城市，這是市民的隨意。於是基克羅普召集人民會議來解决這問題；男女都有投票權。男子投票贊成尼普東，女子投票贊成美麗佛；因爲女子比男子多一票，所以美麗佛得了勝利。

尼普東大怒之下，馬上將雅典全土湧入洪水之中。雅典人要挽回男神的憤怒，乃對於婦女處罰三條：

（一）剝奪她們的選舉權。

（二）以後兒女不取母的姓名。

（三）婦女自身喪失雅典人的名稱。

希臘婦女的地位，從神話時代英雄時代隨時下降；然母權時代的風俗，在精神界還統御了幾世紀。女神的地位，在一般民衆的觀念中，還極其崇敬。由母權時代規定的許多女神的節期，在宗教的習慣上，還是當做重典舉行。更遲一回，希臘婦女專門崇奉女神德茂特（Demeter），每年舉行盛大的祭典，一個男子也不能參加。同樣的事情，後來又在羅馬產生，羅馬婦女崇奉女神格來斯（Ceres），後卽成爲普遍崇奉之五谷神。德茂特和格來斯的節期，爲希臘和羅馬宗教習慣中之最大盛典。

第十一章　一夫一妻之實質

英雄時代，希臘的婦女與後代比較起來雖然還是自由的，還是被尊敬的，但是不過因爲她是合法兒子的母親。實際上，因爲男子地位的優勝和奴隸間的競爭，希臘婦女在英雄時代卽已急轉直下的卑賤起來了。在荷馬（Homere）詩中，許多俘獲的少年婦女常常是任戰勝者隨意處置：最高首領選去其最美麗者外，其餘的則任各將領在天幕裏面或他們的床上分配起來。一夫一妻的旁邊有奴隸存在，一些俘來的少年美女，她們的肉體與靈魂皆屬於一個男子，而競相媚事於其左右。一夫一妻的特性原來就是這樣組成的：只有婦女過一夫的生活；而男子在實際上則無所謂一妻。這樣的特性，直到今日還是如此。

然在同一時代，多利安人（Doriens）與伊歐尼人（Ioniens）的情形完全不同。前者以斯巴達爲模型，後者以雅典爲模型。雅典婦女通常總是囚禁於隔離的深閨之中，這些深閨通常總是設立在最高一層樓或最後一層樓上，使男子們—尤其是外客不容易與她們接近；男客來家，她們須立刻躱避。少年女子的教育只限於縫紉紡織，至多不過念書習字。婦女沒有奴隸同伴不准外出；這些奴婢，是常常緊伴她們身邊監視她們的（在中國皇宮裏，則有無數閹官太監給皇帝監視幾千幾百的妃子）。西洋婦人至今猶喜隨帶獵犬，據希臘最著名的文學家亞利士多芬(Aristophane)說，此即雅典人用以監視其妻及恫駭向其妻獻媚之情人。然則犬在西洋文明民族的家族歷史中，實盡了一種女監的作用！至於遮蓋婦人顏色的頭巾面網，尤其餘事。雅典婦女除了看家育兒管理奴隸之外，業已不得參與社會一切公衆事務。婦女要守嚴格的貞操，而男子可以放肆的嫖蕩。稱爲赫特列(Hetairisme)的賣春婦公然成爲社交的中心。雅典盛時，妓院也隨着發達，並且由國家保護。妓館在法律和強權的保護之下，猶之希臘羅馬的神殿，中世紀的禮拜堂，其尊嚴乃是神聖不可侵犯的。始創妓院制的梭倫(Solon)，極受時人的贊許：稱爲維持城市安寧與風化的聰慧組織；沒有這種新組織，則許多少年男子將因煩悶之圍攻而亂上流階級的婦女。

在一方面看來，從前的性交自由，是隨着羣體婚姻的消滅而消滅了；但在別方面，隨着文明和一夫一妻制的開始，性交自由又復活於「赫特列」的新形式之中。賣淫與自由性交不同的，就是婦女爲物質的利益而賣其肉體於一個男子或多數男子；因滿足男子購買婦女的要求，遂漸漸形成爲公開的賣淫制度。賣淫制度，實爲婦女商品化之極點。

在羣體婚姻開始崩壞的時候，定期賣淫不過爲婦女暫時犧牲其人格以爲買得單一結婚權利的代價；而金錢的賣淫，開始亦不過爲宗教的行爲：原來定期賣淫是要到女神廟中去實行的，神殿祭壇之下設有錢櫃，凡來求愛的人們必先置錢於櫃以獻神，這就是金錢賣淫的淵源。如亞爾梅尼

(Armenie)最著名的亞芝帝司寺和希臘最著名的亞佛羅德寺(Aphrodite)都是『赫特列』的實行場所。而印度各大神宮中的舞妓，印度人叫做白野德勒（Bayaderes）也是原來賣淫婦的遺影。神廟賣淫，原來是一切婦女的義務；後來遂專由女巫去執行，以代替其餘的一切婦女。

這樣的神廟賣淫，可說是由羣體婚姻直接派生的。到了文明初啓，隨着財產的差異，奴隸的強迫勞動之旁也發生了自由婦女的賣淫，這都是必然的相互關聯。羣體婚姻給文明以兩重的遺產，恰好如文明所產生的兩重矛盾的面兒一樣：正面爲一夫一妻，反面爲賣淫。而賣淫的極端形式就是公開的妓院。自梭倫以後，賣淫成爲一種社會制度，也如其他一切社會制度一樣，不僅訂於法律，而且列入稅收（如中國有所謂花捐）。

公開賣淫制是維持從前的性交自由的，是便利於男子們的，尤其是便利於特權階級的男子和富人。開始不過強迫或雇買一些奴隸女子與下流階級的女子爲之；後來許多不願意過囚禁式的一夫一妻生活的良家子女也紛紛逃婚，登籍賣淫。她們的理由是不結婚而做賣淫婦反能得較大的自由。而尤其以沒有習慣雅典風俗，不堪驟受嚴格束縛的外來殖民地女子投入花籍的爲多。妓女們與良家婦女大不相同，她們因爲與社會自由接觸的結果，見聞自然廣博，其中多少有點學識的，多半爲了希臘第一流政治家學者，和藝術家的朋友。許多賣淫婦的名字與聲譽，因爲與希臘名人有密切關係而顯著，而希臘名人亦無一不與名妓通殷勤。如亞斯巴西（Aspasie），她是民黨首領陪利克列斯（Pericles）的朋友，不久又和他結了婚；弗麗娜（Phryne），她與演說家伊白立德（Hyphrides）及雕刻家普拉西特（Praxitele）有密切的關係；達蘭亞（Danae），她是快樂主義哲學家伊璧鳩魯（Epicure）的先生；亞爾克那沙（Archeanassa），也是柏拉圖傾倒的女友。此外，大演說家德謨斯登（Demosthene），更公然宣言：『我們有妓女以恣淫樂，有姬妾以供服侍，有正妻以生合法兒子而理家政。』

夫的方面既以嫖妓爲性的生活之補足，妻的方面便要發現寡居的怨憾。於是一夫一妻制的本身又發生第二種抵觸，彷彿是婦女們用以報復其丈夫的。這種抵觸是什麼？就是私通。

夫的方面有娼妓，妻的方面有情人；妓女與奸夫，成爲一夫一妻的補足品。這就是文明初啓以來一夫一妻制存在的眞相。私通在宗教風俗道德和法律上雖然嚴格的被禁止，可是她畢竟能夠與嫖妓對抗，同樣的成爲不可反抗的社會制度；不過賣淫是公開的社會制度，私通爲祕密的社會制度罷了。所以兒子的父性之不確定，一夫一妻制仍然和從前的羣體婚姻差不多。這是文明民族的家族生活莫能解決的矛盾。

斯巴達與雅典完全不同。從荷馬描寫的詩篇中看來，斯巴達的婚姻情形還是很原始的。對偶婚姻在斯巴達還存在，不過隨着國家地方的觀念略有變更，並且還很像是羣體婚姻的回照：

紀元前六五〇年亞蘭山德里大斯王（Anaxandridas）因爲他的妻不生育，又娶了第二個妻，並且立了兩個家庭；同一時代，亞思斯登王（Ariston）有兩個無子的妻，他又娶第三個，並與前兩個中之一個離了婚。別方面，也有幾個兄弟共一妻的，朋友之間也可以共妻。據希臘歷史家普魯達克（Prutargue）說，斯巴達婦女，只要情人遵守她的條件，她便可謝絕她的丈夫。

這樣看來，斯巴達婦女還是很自由的。因此之故，背着丈夫做那不忠實的私通的事體，在斯巴達婦女是絕沒有的，至少在最早的時候，斯巴達人還不知道役使家庭奴隸。農奴階級的希洛芝人（Helots），不過賴主人的田地過生活；斯巴達人很少與希洛芝婦女爲往來。斯巴達的青年男女，在春情發動以前，皆裸體受共同的教育，所以女子的體格得與男子爲同樣的發育。凡此種種，皆足證明斯巴達婦女的地位與雅典婦女的地位完全不同。

由上所述看來，可知一夫一妻制完全不是建立在自然條件上面，不過建立在社會條件上面，—特別因爲個人財產制勝了原始的自然的共產制。男子既然這樣在家庭中佔了優勢，『育兒承產』便在希臘人口中公然宣布爲一夫一妻的惟一目的；而結婚亦成爲對於上帝國家和祖宗之必須履行的義務。一夫一妻制，在歷史裏面，絕不見得爲男女兩性之調和；反而男性隸屬女性，發生前此未有的兩性衝突。男女間育兒的分工，爲人類第一種分工；而一夫一妻制裏面男女兩性間的抵抗，也是隨着歷史而俱發達的第一種階級抵抗。一夫一妻制固然是歷史上一個大進步，但同時她在奴隸制與私有財產制之旁，開始了一個維持到我們今日的時代—即文明時代；在這個大時代中，每一個進步同時必有一個相當的退步爲伴侶，而一部分或一階級的幸福，即以別部分或別階級的痛苦和壓迫爲代價。

家族歷史發達到近世大工業時代，一夫一妻的小家庭既不是經濟的單位，復不是政治的要素：極少數資產階級的家庭，亦條條的是金錢聯綴起來的性交和娛樂的一種場所（但此外還有多種）；最大多數無產階級的家庭則早已爲大工業所破壞，他們的妻女及小孩都須離開家庭而與男性勞動者同過大工廠的生活。換過說，卽兩性間家庭勞動與社會生產勞動的分工已爲大工業所衝破，而貶謫數千年的婦女至此才漸有恢復原始時代的重要地位而趨於解放之可能。

第二篇　財產之起源與進化

第一章　個人財產之起源

照一般經濟學家看來，財產是一種超越統御自然界的演進律（La loi d'evolution）之社會現象，並且是與天地相終始的永遠不滅的存在物。他們要完成這個目的，不僅在原始的野蠻人中搜集私有財產（La Propriete Privee）的論證，而且在各種動物中搜集私有財產的論證：以證明人類生來即具有私有財產的天性，這種天性是永遠存在的，所以私有財產也是永遠存在的。比如鳩類胸前具有一個餌囊，遇有許多豆類的時候，先把這個囊塡滿，以後餓了的時候，再把囊裏的豆子送到胃裏去消化，經濟學家便叫這個爲鳩的私有財產；又如牛類，食道下端具有一個大囊，喫草的時候，儘量把牧草作一次貯藏在這個裏面，然後才安閑的挨次回反於口中細嚼，經濟學家們便叫這個爲牛類的私有財產；……這樣推論下去，卽各種植物亦莫不有私有財產了！因爲植物在地下的根莖莫不是吸收或貯藏養料的。

原始的人們，最初的環境是很艱險的，他們旣沒有銳利的爪牙，又沒有武器，僅賴生活於血族團體之中，才能與毒蛇猛獸或異族爲羣體的生存競爭。一個血族團體的人，都靠獲取自然物品去維持共同的生活。無論強者怎樣強，弱者怎樣弱，都不能不努力維持共同生活，因爲除了共同生活之外，個體決不能爲單獨的存在。所以在原始的人們中，是沒有個人財產(Propriete indi viduelle)這個觀念的。至於土地財產(La Propriete fonciere)和資本財產 (La Propriete capitale)更不消說。就是在現在的野蠻人中，也還是這樣：據費森和賀威特 (Howitt) 在澳洲土人中的觀察，其中某幾個蠻羣的人們，僅只以武器，裝飾品等爲個人隨身的用品，並且這些用品在同一團體的各個體中，可以按照需要互相傳授，他們決不把這些東西視爲個人的財產，只視爲全體人員的共同財產(La Propriete commune)。

我們要在原始時代中竭力找出個人財產的最初起源，至多也只能找出一種絕不具有物質性的理想形式：卽野蠻人每個具有一個名字。這個名字，是他到了成年的時候，由氏族舉行一種宗教的祭典授與他的 (歐洲加特力敎的國家，男女到了成年的時候，卽跑到天主堂去受洗禮；而中國也有所謂冠禮，都是保留這種遠古的紀念) 所以他得到這個名字，如獲極寶貴的財產，決不用以輕示外人，因爲恐怕人家奪了去；他若肯將他的名字和他的朋友的名字相交換，這在情誼上就是證明他贈了一種無價寶的禮物。但是這種名字的財產絕對不是屬於個人的；摩爾根已告訴我們，這種名字是屬於氏族的，並且當他所贈與的朋友死了的時候，這個名字又要復歸於氏族。

復次，我們再到野蠻人中來找個人財產的物質形式之最初起源，那末，至多也只能尋出一些附着於個人並且嵌入個人肉體或皮膚之內而不能分離的東西，比如穿在鼻子耳朵或嘴唇上面的裝飾品（中國女子現在還帶耳環），繫在頸項周圍的寶石，摩擦筋骨痛的人油，放在神龕上面的結晶石，及其他懸於個人身上的柳皮籠子裏面的寶貴骨骸……。這些東西都算爲個人所有，一生不離體膚；死了的時候，即把這些東西同着死屍一塊埋葬，或同著死屍焚化，以給死者的靈魂享用（中國至今猶有燒紙紮物品給死者的遺習）。如果要使一件東西成爲個人的所有，便應使這件東西與他的體膚成爲密切而不可分離的關係，才能達到目的。野蠻人如果要表示他想要某件東西的意願，便要裝做一種喫東西的模樣，或用口啣著那件東西，并且用舌子在那件東西上面不停的舐著。比如住在白冷海峽之間的愛斯基馬人，他若買了一點東西！比如一口針，便將這針貫在嘴唇上，爲一種宗教的表記，以表示他願意保守這針爲個人使用。只有這樣的事實，可以叫做個人使用的財產（La Propriation individuelle）。個人使用的財產，乃是財產之最原始的形式，這種財產不僅過去存在，就是將來也還要存在，因爲自食物以至裝飾品，都是人們生活的必要條件。

使用—是物件屬於個人的主要條件。因而由個人做出的製造品，也只看本身是否要專供他的使用，才視爲本身所有的東西。一個愛斯基馬人自己只能具兩個獨木舟，若製造了第三個，便歸氏族處置，因爲凡自己不使用的物件，便應歸爲共同財產。

野蠻人每個具有一塊拷火石或一獨木舟，也如中古手工業者之具有勞動具，近世生理學家之具有顯微鏡一樣，這一類只可叫做勞動工具的財產（La propriete instrument de travail），與中古大地主具有之土地財產和近世資本家具有之資本財產，其性質根本不同。然而一般擁護資本主義的經濟學家，他們硬要在沒有資本的原始社會中尋出資本財產的起源來：他們不是以原人所使用的石子樹枝及弓箭等做資本的起源，便想像各個野蠻人怎樣積聚胡桃或魚蝦以相交換而得資本之積聚！

第二章　氏族共產制

原始的人不能有個人財產的觀念，最優越的理由是因爲他離開他所生存的血族團體不能有個性的認識。野蠻人，不是好玩的，常常有許多實在的危險和想像的恐怖包圍著他，使他決不能爲孤獨的存在，獨立的狀態是他所想像不到的境界。逐出血族團體卽等於今日之宣布死刑。比如在前史時代的閃密的人中，希臘人中，及其他半開化民族中，要犯了兇殺案的人，才處以逐出氏族的極刑。據另一種神話，阿勒斯特—在他殺了他的母親以後，嘉恩（Cain）—在他殺了他的兄弟之後，立被逐出國境。就是在許多很前進的文明人—如有史以來的希臘人和意大利人中，放流還是一種極可怕刑罰。希臘詩人特歐格尼(Theagnis)說：『放流是極可憐的，旣沒有朋友，又沒有忠實的同伴。』可見離開親族而營孤立的生活，是習慣羣居生活的原始人們頂可怕的事情。

並且生長在原始環境中演進的人們，他們比較開化的人們，更是互相關聯而不能分立的存在物，因爲要這樣才能滿足他們的各種需要；所以他們必須與他的羣和家族爲一體，個人既不是財產的主人，也不是我們今日所謂家庭之主人。在極原始的人們，還沒有家庭的形式存在。氏族是全體的，羣體結婚的是氏族，共有財產的是氏族，而每代的兒女也是屬於全氏族；除了氏族之外，他們絕不認識個人的存在。

氏族內部，一切屬於全體：非洲波希曼人（Boshiman）若是得了一種贈物，便分配於全氏族的人員；據達爾文的報告，有人給一鋪被蓋與一個佛愛奇人（Fuegien），他便將被蓋撕成許多小塊以分給其同伴；波希曼人若是捕獲一條野牛，則分割爲許多塊數，以送於其餘的人，自己只留一極小部分。旱荒的時候，佛愛奇的少年便沿河而跑；若是氣運好，遇着一條淺死在灘上的鯨魚，他們無論餓得要死也不動手，只是迅速的跑回去告知他們的氏族；於是氏族人員立卽跑來，由極年長的人將死鯨屍體平均分割於全體。卽在比波希曼和佛愛奇更發達的野蠻人中，獵得的禽獸也不屬於獵者個人，只是屬於他的妻的家族或他自己的家族，並且分配的細則，是按照親族等級的。

漁與獵是兩種原始的生產方法，通常是要共同去做的，所以獲得物品也是共同消費的。波多居島人（Botocudos），是南美巴西地方一些不可馴服的種族，他們全族的人員組織爲共同的打獵隊伍。凡屬他們發見有野獸的地方，便全體都去，那塊地方的野獸不打盡，他們是決不離開的。共同狩獵的種族必產生共同消費的習慣，原始的共產社會最初便建立在這種經濟基礎上面。每次狩獵成功了，他們必集合全氏族的人員公開盛筵，共同享受獲得的禽獸。這樣太古的風俗，就是在後世也還可以發見。在高加索某幾個村落中，若一家捕獲一條野牛或十幾條羊，便要召集全村的人口舉行一個慶日，大家共同醉飽，以紀念歷年死了的人們。這樣紀念死者的共同大餐，在中國宗法社會的家庭和宗祠裏面，現還有其遺跡。

摩爾根在他最後的重要著作美洲土人的家庭與家庭生活(House and house life of the American aborigines)裏面，研究一些原始共產時代的風俗。據他描寫北美印第安人共同的漁獵生活：那些專靠獸肉供給的平原各種族，都是在他們的狩獵中表示他們的共產主義。在一些黑脚印第安人獵取野牛的時候，便有一些男女和兒童騎着大羣的馬跟着獵夫走；當開始追逐獸羣時，獵夫們便將打死的獸委棄在地上，從後趕上的人，只要誰先碰見這個獸，便歸誰所有。這樣的分配方法，繼續以至人人都碰着打死的野獸爲止；他們一碰着打死的野牛，便立卽施以宰割，或是在太陽光熱下面晒乾，或是炎草燻乾；獵場中另一部份人則收集沒有晒乾的肉和碎肉，混和臘油捲於獸皮裏面。魚類豐富的哥倫比亞河(Columbie)，到了漁季的時候，全族的人員便一齊沿河紮起野幕，來共同取魚；每晚按照婦女的人數分配，每個婦女接受一份均勻的；獲得的魚都是隨時劈開，並且在魚簣上晒乾了，然後才收集於籃子裏面搬運到村落裏去。

當野蠻人停止沿河沿海以獲取由自然供給的食品（如沙灘之死魚等）之漂流生活時，他們才定居於一定的地方，建築一些房屋。房屋不是屬於個人的，但是屬於全氏族共同的。故一個房屋可以住好幾百人。在北美加羅林島（Caroline）住居的黑太人（Haidah），每個屋子裏面總是住七百人以上。又如拉畢羅慈（La Perouse）在海洋洲波里尼西亞（Polynesie）發見的房屋，長三百一十尺，寬二十至三十尺，高十尺，好像一個獨木舟倒轉的模形，兩個極端開了門戶，全屋可住百多人。甲洛葛人的長屋，據摩爾根說，十九世紀的末年才消滅，長百尺以上，寬三十尺以上，高二十尺，其中橫一條貫通全屋的走廊，走廊的兩邊排列一些七尺寬的小房子，各小房子裏面住一些結婚的婦女。每棟房屋有兩條出入的門戶，門上畫有或刻有其本氏族圖騰（Totem），——卽本氏族的後裔用以標識的禽獸。澳洲波爾尼（Borne）地方的達雅克人（Dayaks）的村落是由一些共同住居形成的，房屋是用木棍構造的，所占地面有十五尺至二十尺之寬，與瑞士湖畔的建築差不多。白天則在走廊中央度日；未婚的成年男女及青年男女夜晚則分離睡於各共同的大廳之中，男性的睡做一廳，女性的睡做一廳。至於墨西哥土人的大屋（CasasGrandes），基礎的面貌是很宏大的，上面建了好幾層高樓——一層復一層，每層的小房子分得如蜂房一樣。考古物學家舒利曼（Schliemann在）希臘阿哥里德（Argolide）發掘出來的古屋，及其餘一些考古家在諾威與瑞典的廢址上發現的一些大房屋，皆爲希臘荷馬時代及斯干的那夫民族（Scandinaves）半開化時代之共同房屋。而法國阿文義地方(Auvergne)，在十九世紀的上半紀，農人們還是幾個家族集合同居，那些同居的房屋恰好與伊洛葛人的相類似。在這些共同房屋裏，一切供給是共同的，製火食的廚房是共同的，每餐都是共同來喫。

同居的伊洛葛人，共同耕作園圃，收集穀物，然後貯之於他們住居裏面的共同積穀裏面。這些生產品的分配，按照個體具有的方法，只是分配於各家——即走廊兩面的各小房。例如玉蜀黍一束一束綑好了的時候，便懸掛於各小房子的壁上；但鄰近小房子裏面的玉蜀黍用盡了的時候，又可按照需要，到別的房子裏面去取用。就是對於漁獵的獲物，也是同樣的分配保留。一切蔬食品與肉食品都是委給婦人去保管和分配，作爲氏族全體人員的共同財產。所以在印第安人的村落裏面，常可發現一種『個人所有品還可共同使用』的『奇怪』現象。

據在美洲狄拉華人(Delaware)和蒙西人(Munsees)中住過十五年(一七七一——一七八六年)的牧師赫克威爾德(Hechewelder)說：『在印第安人的房屋裏或家族裏面，沒有一件東西不爲個人的財產。從馬，牛，以至狗，貓和小鷄，每個人都認識那一件是屬於他的。就是在一胎小貓或一孵雛雞之中，有時也有幾個不同的所有者；如果有人要連母帶子買一孵雞，便應與對於這些小鷄具有所有權的兒童們去商量。縱然種族裏面實行共產的原則，然家族的各個人都公認各有財產的權利。』實際上，這不過是在共產主義裏面發生個人的分配——即個人使用的財產，並不如一般經濟學家所說，是與共產主義相矛盾，反而是共產社會完全必要的分配方法。

在別的印第安人，如新墨西哥拉格蘭（Laguna）一些村落裏面，食物並不分給一個家族的各母親去看管，只是交給她們貯之於共同的倉庫。一八六九年牧師高爾曼（Garman）寫信給摩爾根說：這些穀倉，普通都是交由婦女們管理；她們常常躭心將來缺乏糧食，比其近鄰西班牙人還要留心；所以她們日日調節食物，務使貯藏的東西能經過一個全年：所以在這些印第安人若是只遇一個荒年還是可以度日，但若連續兩年歉收，他們便要受飢餓的痛苦。

在中美麥野地方（Maya）的印第安人，一個村落中有一個共同的竈屋，上面用茅棚蓋的，這個竈屋是供全村的人共同使用的，如歐洲中世紀的共同麵包竈一樣。斯德芬（Stephen）旅行於中美雅卡登地方（Yucatan），常常遇見一羣一羣的婦女和小孩子用木鉢盛着燒好的飯菜，從這樣共同竈屋跑到各自的家裏去。但在伊洛葛人中，共同的火食，即在每個共同的住屋裏面做：每個家族有一個共同的大鍋竈，每餐由主母在這個大鍋竈上面，按照各人的需要分配食品；每個人用木碟或泥碟盛着自己那份食品；他們既沒有棹櫈，也沒有一塊處所像現今的廚房與食堂，每人接着食品後，只要何處與他相適，便在何處蹲着喫或站起喫。但是通常總是男子喫在前，女子與兒童喫在後。剩下來的食品，竟日之中，無論那個飢餓的時候，都可拿些去喫。婦女們每日午後，將搗碎的玉蜀黍煮成湯粥，任他冷却，留到明早以招待外人的客人。他們無所謂早餐，也無所謂晚餐，他們覺到飢餓的時候，便可到屋子裏面去喫。

共食的風俗，在有史以後的希臘還是存在，如所謂共同饗宴(Syssities)，不過是原始共產時代的紀念。這種古風遺在中國宗法社會方面的，有各姓宗祠支祠以及鄉社神廟舉行祭祀時之各種共食習慣；遺在君主政治方面的，有各代皇帝『大酺天下』，『賜百姓以牛酒』的習慣，然此皆成爲皇帝對於百姓的特別恩典。

據柏拉圖弟子赫拉克立德(Heraclide de Pont)的記述，這樣原始的共食習慣，在地中海克拉特島(Crete)存在頗久。男子方面，每個公民對於共食都有接受平均一份的權利；只有行政首領的雅康(Archonte)爲例外，因爲雅康一個人有接受四分的權利。雅康何以有四份呢？一份是以公民資格接受的，一份是以共食棹上的主席資格接受的，而其餘兩份是爲維持食堂與傢具的報酬。每一席在一個主母的特別監視之下，由她切成一塊塊的食品分配與各人；但是關於塊數大小的選擇，對於在人民會議中的議士與在軍隊中的戰士，顯然有所區別。每一席有一瓶酒，大家輪流的飲去，完了的時候，又從新充滿，一直飲到精光才止。赫拉克立德不過敘述一些男子們的共食；但是赫克(Hoeck)比較在他之前，又敘述希臘多利安人各城市中的婦女與兒童也有這樣共食的習慣。

據希臘歷史家普魯他克(Plutargue 生於紀元四十五年與五十年之間)說，一切共同饗宴都是平等的，他引了一些貴族的集會做例證：凡屬坐於同棹的，一定是同氏族的人；而斯巴達各個共同戰鬥的軍事組織，便編定坐在各個共同饗宴的宴會席上。野蠻人和半開化人，一切動作都是共同去做的，所以坐席也如臨戰場一樣，是以家庭，氏族，和種族做排列的。

共產種族的每個人員接受一份食品，這是很尊嚴很必要的事，在希臘文叫做母拉（Moira），共意義就是共同饗宴的一份食品。後來這個字成爲最高女神（Destinee）後來引申爲命運與定數的意義）的名字，一切的神和男子都要服從她；她是給人們一份生活品的神，如克拉特分配食品給各人的主母一樣。在希臘神話中 Destinee 與 Destinees 的地位是很顯著的，她們都是女的：母拉以外又有亞薩（Aissa）與基勒斯（Keres）；母拉，亞薩，基勒斯的名稱卽等於說：『每人有一份生活品或捕獲品。』

這樣通常的共食只限於共產時代，希臘人叫黃金時代；這樣的遺俗，他們便叫做神飯或聖餐（Repas des Dieux或Repas Religieux）。荷馬那篇奧地塞（Odyssee）的詩，是咏特羅雅戰役歸途之苦況的，其中還敍述碧洛斯（Pylos）的市民舉行四千五百人的共食：五百人坐一棹，一共有九棹。這樣的古俗在羅馬也還存在，羅馬舉行各大宗教的節慶時，便爲全體人民陳設一些筵席於街上。賽諾芬（Xenophon 希臘三大歷史家之一）也說，在雅典每年的某幾日中，大殺牲畜以祭神，祭肉盡以分配於人民，而城市的耗費與犧牲是非常之大的。

共產主義的共食，後來只在宗教中保留爲一種宗教的儀式，因爲宗教便是太古風俗的遺物。比如雅典市民的共食，是規定在一定時期跑到元老院(Prytanee)去共同會食的，若是拒絕這種應盡的宗教義務，在法律上便要被嚴格的處罰。凡傍聖棹而坐的市民，便暫時穿着神聖性質的衣服。這樣跑到元老院去共同會食的市民。雅典人叫做巴拉垂唉(Parasites)，就是寄食者或食客的意思。此字後來引申爲遊惰人之形容詞，而在從前，不過是要求人們保存太古風俗的一種服務。聖餐既是一種保存古風的義務，所以每每在這個城市裏面用銅盤獻麵包，而在別個城市裏面則用土瓶獻麵包。若違背祖先的習慣而用新盤子去獻神，便爲大不恭敬。這樣紀念太古風俗的事情不僅在上古希臘羅馬爲然，即在後世歐洲加特力教的各種神祭，以及別的地方各種相類的神祭，皆爲野蠻時代共產同食的紀念。

第三章　共產社會之風俗

全氏族的共同住居，其中雖分爲一些特別的房間而不止包含一個家庭，並且食物也分屬於每個家庭的個體，然而實際上還是歸全氏族處置。據加特倫(Catlin 一八三二—一八三九年旅行於北美)說：在印第安人的村落中，每個男子，女子，或小孩子，當他飢餓的時候，便有權跑進無論任何人家的住居裏面去，就是族長的住居裏面也可跑進去拿東西喫。即極可憐極無用的人，很懶得打獵，又很懶得自給，也可跑進任何人家的屋子裏去喫東西，不過人家只給少許東西與他喫罷了。然而這一類乞食的人，假若他能打獵，人家便要給他以高價的食品，因爲這是鼓勵乞丐與懶惰人而啓發其羞恥心的暗示。在加羅林島的土人，旅行不需攜帶糧食；當他餓了的時候，便可自由跑進他所遇着的人家屋子裏面去，伸手到小食桶裏面拿些果子揑成的麵包喫個飽；入門無須允許，出門也無須申謝。在他們看來，這不過是享用自然的權利，人人都應這樣的旅行，人人都應這樣的待遇過客。

原始共產主義的住居，斯巴達人出了半開化時代後，在拉塞德蒙(Lacedemone 斯巴達人的根據地）還普遍的存在過許久。據普他克說：照斯巴達第一個立法者來克哥（Lycurgue 相傳爲紀元前九千年斯巴達善於立法的賢主）的制度，禁止一切住居關閉門戶；以便無論何人都可跑進去拿取他所需要的食品和傢具，因爲這些東西是沒有財主的；一個斯巴達人在路上遇着一羣馬時，也可無須領馬者的允許便騎着一匹代自己的步；一個斯巴達人又可使用無論任何人的獵犬與奴隸。

私有財產的觀念，在現在的人看來，好像是很自然的；其實，這種觀念乃是慢慢的並且很困難的才浸入人類的頭腦裏面。人類最初不僅沒有私有的觀念，而且視一切東西是爲一切人們存在的。赫克威爾德說：印第安人相信世界是由一大神（Grand Esprit）創造的，世界上所有一切東西是人們共同的財產。人們蕃殖於地上，也如禽鳥充滿於林中，並不是爲少數利益的，但是爲全體。一切東西是給人們一切兒童共有的，凡屬呼吸於地上，生長於田野，游息於江河川澤之中的都是屬於全體的，每個人都有一份的權利。在他們之中，款待賓客不算一種道德，但是一種嚴格的義務。他們寧可自己餓着肚皮睡，但是對於款待來賓，病人，以及貧窮者的義務，決不能絲毫疎忽而使來賓病人貧窮者有所不滿，因爲這些人對於共同財產有取用濟急的共同權利。比如家中飼養的禽鳥是要隨時款待賓客的，因爲禽鳥在未被捕前，本是樹林中的共同財產；園蔬與玉米也是要隨時供奉他們的，因爲這些東西是在共同的土地上發生的，並且非由人力，但是由大神的力發生的。

博愛平等的精神，以及款待賓客之殷勤懇摯，從沒有如野蠻人和半開化人的，這是許多旅行北美的遊歷家之共同的贊詞。摩爾根說：無論何人，或是同村的居民，或是同族的人員，或是外客，在任何時間跑進伊洛葛人的家裏去，家中的婦女便應立刻奉獻一盤食物於客的面前。假若忽略這種義務，便是缺乏禮貌，並且是一種侮辱。奉獻的食物，客若餓了，便應立即喫完，若是不餓，也應嘗嘗味道，然後才叫聲『謝謝』。安德爾在他著的美洲印第安人之歷史(Adairsl-History of the American indians)中也說：凡不幫助人家需要的行動，印第安人視爲一種大罪惡，全族的人都引以爲羞。

同樣的風俗，羅馬歷史家達西德(Tacite)在半開化的日耳曼人中也發見過，其時日爾曼人恰好跳出原始共產時代。達西德說：吾人從未見過別的民族招待賓客有這樣的寬大；若客人被排斥於食竈之外，無論怎樣，大家都視爲罪惡；也沒有人把自己用過後的飲食來奉客；當接了外客的人家食物喫盡了的時候，這個屋裏的主人又可領導客人到鄰居的人家去，也不須鄰居先來邀請，而鄰居也決沒有拒絕接待的，都是同樣寬大的接待；他們對於款待賓客的義務是一律同等的，看人看勢的區別，在日耳曼人是從不知道的。

如達西德所述之寬大博愛的風俗，在原始共產時代的人們中，是很發達的，就是在初出這個時代的人們或村落集產時代的人們中也還繼續存在，只有到近世資本主義的文明時代才完全消滅。在村落集產時代，每個共同住居，都要保留一部分土地，專供來賓的使用和需要；凡屬來賓即可住居一塊這樣的保留的土地；這種來賓的住居便叫做客房(Maison de l'hote)。這樣的事實不僅印度的集產村落如此，就是在十九世紀初葉法國的阿文義(Auvergne)和莫爾文(Morvan)地方也還存在。

第四章　土地財產最初之形態

野蠻人最初是靠果子樹根爲食品，到了知道喫魚的時候，乃沿河沿海的尋生活；跑到魚類豐富的地方，便停住在那塊地方。然他們此時夢想不到要保持一塊土地為他們的共同財產，因為此時他們還不知道打獵，又不知道馴養家畜，就是保持一塊土地也沒有用處。

在人們發明打獵之後，才漸漸發生保持一塊獵地為一個血族團體共同使用的習慣。所以共有獵地（La propriete commune d'un tereitoire de chasse），要算是土地財產的第一種形式。後來人口增加，使用獵地的範圍也隨着擴大；於是在人口稠密的地方，各種族之間，自自然然形成一種土地的分配。

土地的第一種分配是獵地的分配，第二種分配是牧場的分配；牧場的分配是隨着畜牧發明的時候開始的。土地個人有的觀念，是很遲並且很困難的才慢慢浸入人類的腦中。美洲烏馬哈人（Omahas）有句俗話：『土地如水火，不是屬於個人的。』土地為全種族共有的意義，不僅指全種族已有的人員，而且是指將生的人員。比如紐西蘭英國政府要購買馬歐利人（Maoris）一塊土地：第一個條件是要經過全種族人員的同意；第二個條件是每個新生的馬歐利人要繼續接受一份償金。因為馬歐利人說：我們只能賣出我們所有的權利，但我們不能賣出我們未生的人的權利。所以英國政府只有用按年償付（每年出世的小兒每個接受一份償金）的方法才得免除困難。

在佛愛奇人中，各種族的獵地之交界，剩餘一些寬大而不佔領的空間；這種空間，據維馬愷撒（Cesar）的高盧戰記，日爾曼人叫做交界森林（Foret limitrophe），而斯拉夫人則叫做保護森林

)Foret Protectriee)，實際都是兩個種族或幾個種族之間的中立地帶。這種中立地帶，在美洲印第安人中有下列的區別：同語言的各種族(通常爲親近的聯或盟的種族)之間，中立地帶很狹隘；異語言的各種族之間，中立地帶很寬大。

在舊大陸和新大陸的各野蠻民族與半開化民族都是一樣的，凡屬中立地帶圍繞以內的地面，便是他們的生活源泉。只有自己種族以內的人員才有自由狩獵或馴養禽獸於此地面的權利。假若一個外人跑到別個種族的地域裏面去侵犯其權利，便要立被驅逐，若是捕獲了，有時也有殺死的或殘傷肢體的。據赫克威爾德說：印第安人若是捕獲侵犯他們的人，割其鼻子或耳朵後，有時還要押送犯者到他的酋長那裏去，傷其頭皮，以示懲戒。所以封建時代『有土地者亦有戰爭』的俗話，實際上自從野蠻時代土地以共同財產的面貌出世後便開了始。侵犯獵地，乃是鄰近各種族間發生口角戰爭的主要原因。

未佔領的空地，開始是爲預防侵佔設立的，後來便成爲各種族間物物交換的市場，鄰近各種族都到這裏來交換他們剩餘的消費品。

到了農業發明的時候，於是各種族間由獵地和牧場的分配，又進而爲農地的分配。種族或氏族的共有土地是共同耕作共同播種的。紀元前四世紀亞歷山大王時代，尼推格(Neargue)大將，在印度某幾處地方，還目擊各種族對於共有土地的共同勞動及收穫物之按照戶口分配。摩爾根得到史蒂芬(Stephen)的報告，麥野的印第安種族，土地是共有的，勞動也是共同的。狄歐多(Diodore)也說：意大利李白里羣島(Lipari)的居民，土地是共同的財產；他們一部分在家耕作，別部分出外刼掠；後來他們雖然把大島分了，但其餘的小島還是共有的，耕作也是共同的。這樣的情形，正與愷撒所說日爾曼民族的情形相同。愷撒在他的記錄中也說：日爾曼人爲極強悍極好戰的民族，他們沒有私有的或分離的土地；他們幾百郡中的每一郡，每年出一千個戰士到遠處去打仗，其餘的人則留存家族中共同耕田。

第五章　村落集產制

上面曾經說過，在一個氏族的共同住居中，每個結婚的婦女住於一個私用的小房間裏面，共同的糧食是交由婦女們保存或按照婦女人數分配，這也可說氏族共產家族裏面，業已發生個人家庭的萌芽。這種萌芽的雛形，不過是在共同住居裏面分成一些各別的房間，各個已婚的婦女便撫育她的兒童，和未婚的妹妹及兄弟住於這些房間裏面。由此家庭漸漸個人化，母親成爲各個房間的主人，而家庭的財產亦於此時開始萌芽。

隨着人口的增加和生產上的必要，每個特殊的家庭便發生分居的需要，於是不能不從氏族共有土地中分一塊土地去建立新房屋；而宅地(La terra salica)的分配，遂成爲家庭財產之起點。

不過這樣的事實，要到初步的農業發明之後才會發生。

在氏族共產社會未起分裂作用以前，一個種族的共有土地是共同耕作，共同播種，收穫也是共同分配的。在既起分裂作用以後，土地雖繼續為一個氏族之下的各血族團體所共有，但耕作與收穫都不是全種族共同的了。此時通行的方法是：從一個氏族分離出來的各血族團體，每年將氏族共有土地分配一次，每家各耕一份，並各得一份收穫；這樣的方法也可叫家族換耕制。但這還不算是變成了土地私有制，不過是土地歸各家使用罷了；各家的內部，生活還是共同的，人口也還是衆多的。因為從一個氏族分裂出來的團體，不是僅由一對夫婦組成的，但是由幾個親近的家庭組成的；所以還是幾個家庭共一住居，共一火竈，以過共同的生活。其實便是氏族共產制隨着農業的發達與需要而變形為血族集產制（La collectivisme consangnin）。

血族集產制，在俄羅斯叫做密爾（Mir），在日爾曼氏族叫做馬爾克（Mark）；恩格斯和梅英（Maine 他著有 Village communities in the East and the West）及其他原史學家或叫做共產家族（Communaute familiale），或叫做村落社會（Communaute de Village）……。

俄羅斯的密爾制也是行家族換耕制：土地雖為一個種族所共有，而按期均分於各家族去耕作；各家族在一定期限得專有這塊土地的收益；這樣的期限初為一年，繼為數年，期滿則再行分配。日爾曼氏族的馬爾克制，是村落共有土地，並且共同勞動。據達西德的記載，也是行過家族換耕制的；土地爲村落或部落全體所共有，各家族皆有平等使用收益之權；而部落卽爲若干村落之集合體，軍事及各種公衆事務，卽隨着這樣的經濟單位爲組織。

在十九世紀的前半紀，關於有史以前的社會組織，世人還很不明瞭。自一八四七年哈截孫（Haxthausen）他是普魯士的官吏，於一八四〇年遊歷俄羅斯）著的俄羅斯鄉村制度與其民族生活的內情之研究（Etudes sur la situation interieure,la vie nationale et les institutions rurales de la Russie）出世，西歐原史學家才明瞭土地共有制是什麼東西。接着加以穆勒爾（Maurer）的證明，有史以來日爾曼各種族莫不是從這樣的社會基礎發生出來的；於是影響所及，便是英國法學派的原史學家也不得不承認自印度以至愛爾蘭，社會的原始形式莫不是鄉村共有土地。然鄉村共有土地果然是社會的原始形式嗎？這個問題到摩爾根才與以決定的解答。

自摩爾根發明氏族共產制的眞相後，吾人才知村落集產制還屬原始氏族共產社會所派生的形態。所以拉法格在他著的財產歷史（Lafargue-Histoire de la Propriete）上面便給這種財產形式以血族集產制的名稱以與他所從出的原始共產制相區別。但是何以見得村落集產社會是由原始共產社會派生的呢？第一，因爲土地在名義上還是屬於種族所共有；第二，凡屬定期分得一份共有土地的各家族，莫不公認同出於一個共同的祖先。

現在請進言村落社會之實際：一村之中，凡屬可耕的土地，分爲許多長而狹的片段，配合幾個片段爲一份，每家各得一份。片段雖肥瘠不同，但各份的配合務使其均平。每家配與的耕地面積，大約等於一對牛耕兩日的樣子。這樣尺度的單位，在印度是說兩駕犂，在羅馬是說兩久格拉(Tugera)，實際都是等於一對牛耕兩日的地積。每個村落保留一部份的公地，開始是共同耕作，後來是定期租賃。

每個村落有一個長老會議。當分配土地時，長老會議召集各家族的代表來抽籤，那家抽得那一份便拿那一份去耕作。這樣的方法，既沒有不公平的事情，也沒有不滿意的事情。期限滿了的時候，又從新抽籤再分配。猶太聖經(Levitique)說：神吩咐希伯來人，凡神所預許的土地，務必按人口比例，分配於各種族與各家族。這樣分配的方法，在希臘與臘丁語叫做 Kleros et Sors，意義是說每家有一份平均的租產。如果某家所受土地有不平均時候，經長老會議審查確係丈量錯誤或配合錯誤之後，又可從保留的公地中，拿一塊做加補。

凡屬主持農地分配的人們，他們可驚的平等精神中含有正確的丈量技術。據哈截孫說：俄國皇室產業大臣基塞列夫(Kisseleff)伯爵，曾於胡洛尼戛州(Woronieje)某幾處地方，派一些測量師與稅吏去測量；結果證明農人的丈量，除極少幾處稍有差異外，其餘完全正確：卽就這稍微的差異而說，也還不知農人與測量師兩方面究竟誰爲正確？

牧場，森林，水道，漁獵區域，以及其他公衆使用的利益，是要保留爲村落全體居民共同享用，而不得分配的。

可耕土地雖皆定期分配於各家族，使得享受其收穫，然地主之權仍然爲村落所保留，因爲村落便是各家族組成的全體。

俄羅斯一個密爾的土地，便叫『共同耕種地，其收穫即分配於全密爾各家族。頓河流域的哥薩克人，他們的牧場是不分的，所以一個牧場的草是共同去割的，割了之後，才把乾草來分配。一八七七年密勒（Miller）寫信告摩爾根，新墨西哥大俄人（Taos印第安人之一種）的村落，其中每個種族有一塊共有的玉米田，其收穫物則交由酋長保管，缺乏糧食的人都可去取。九世紀英國加爾（Galles）地方的法律還規定每個家庭應接受兩百平方尺的地畝，但每份土地都要一律共同的耕種。

共同耕作地的收穫物，有時全村居民無庸分配，便可據爲共同消費之用。英國哥摩（Gomme）在他著的村落社會（Village Community）中，引了一個愛爾蘭茂時伯爵(Meath)的村落，這個村落共同田原的收穫物便是全村用以繳付租稅的。在印度某幾個村落中，一定地面的收穫物，是規定專門報酬鐵道牧師學校教師…之用的，因爲他們是爲全村居民服務。荷馬的伊利雅(Iliade）與奧地賽兩篇詩裏面更說希臘人有爲地神與軍事首領保留一塊神田(Champ Sacre）的習慣。蘇格蘭人怕惡魔作怪，乃給惡魔保留一塊土地，以表示敬禮，這塊土地不叫惡魔之地而叫善人之地

(Gude man's land)；凡屬這樣的土地，都是任其荒蕪而不耕種。雅典國家所得公共土地的租金，其一部分乃是用以津貼神聖的妓院。這是古代雅典貴族們一種義務的習慣。

耕種是在長老會議或其代表的監督之下舉行的，馬脊爾一八〇四年，在他著的土地財產的原理與實際(Marchall-Elementary and practical treatise on landede property)裏面說：『十八世紀英格蘭的集產村落，一個家族不得隨意耕種自己那份土地；應以同樣的種子和同樣的方法與全村落其餘各家同樣的播在自己的田畝上。』當土地分配終止的時候，每個家族不過具有一塊便用的地面；地內發現了寶庫的時候，不能歸自己所有，必須呈送於村落；五金與煤炭也是一樣的，要得這種東西使用的人，只有靠自己的勞力，在地面上打洞去掘取。

耕作制度，普通都是採用換耕法，有三換的地畝，也有四換的地畝。凡村落可耕的土地，大要分爲均平的三部分，使這三部分土地可以更替的耕種：比如第一部分可在冬季種小麥，第二部分可在夏季種大麥或燕麥；而第三年則任這兩部分土地休耕以養地力，而耕種其第三部分。

播種與收穫的時日，都要由長老會議規定。據英國剛培爾(Sir G. Campbell)的報告，印度每個村落有一個占星師，專門担任指示播種及收穫的吉祥日期。哈截蓀也記載俄羅斯集產村落的田野勞動具有極完備的秩序，彷彿像軍隊的紀律一般。當耕種或收穫的時候，全村落的農人都同日同時去工作，這部份耕，別部分鋤……，工作完了，然後共同囘去。哈截蓀說：『這種規律，不是村落的長老命定的，乃是表現俄羅斯民族精神的特性，需要聯合與共同秩序的社會性之結果。』這種特性，未免驚駭了普魯士的哈截孫，他以為這是俄羅斯民族特別不同的地方；其實，這樣的特性乃是集產制賦與的，凡屬同樣歷程的地方，到處都可以發見，比如日爾曼各民族即經過同樣的歷程，不久便由穆勒爾證明了。

自來歐洲資產階級經濟學家，對於財產的研究，絕沒有歷史的觀念，他們以為私有財產是與天地相終始的，故對於原始共產制或集產制皆目為海外奇談。自哈截孫的發見公布後，他們對於集產制才不再懷疑。然哈截孫自己並不知道他的發見在歷史的見地上之重要；他以為密爾是聖西門烏托邦(Utopies saint-Simoniennes)的實現。故不久巴古寧(Bakounine)及其學徒便熱烈的宣傳斯拉夫為引導人類向進步方面走的特殊種族；並預言密爾是將來社會的模範。

在哈截孫以前，英國印度的官吏們，在他們所管理的地方即已發見這種特殊的財產形式，不過他們的發見埋沒於一些官場的報告之中，而不能公布。自從學術界提出這問題爭論後，才有人考證十八世紀末，大它西(Grand d' Aussy)福爾尼(Valney)等即已認識集產制，不過到資本制度統治歐洲以後，這種過去的制度才為人所忘記而成為海外奇談。

村落社會共同勞動的紀律，常常使近世學者聞之驚駭：大名鼎鼎的梅英，他是印度英政府的法律顧問，他對於印度的集產村落頗有研究。他說：『長老會議絕不要發號施令，他僅祇宣告歷來的習慣便是；所以他不須有世人所相信的最高勢力發出的告示。凡極有權力來說這椿事情的人們，莫不否認印度土人需要一種政治的或神的權威爲他們的習慣基礎，只有盲從可視爲他們太古風俗的充分理由。』其實，這並不是『盲從』，乃是自然界所加於半開化人的強制道德，因爲若不具有這種紀律，他們共同勞動的效率必至低減，而一年的食糧必不充足。

收穫完工之後，各家族分配的土地又復成爲共同的財產；全村落的居民都可放出他們的牲畜到這共同的田野中去喫草。這樣的習慣，便是在經過幾千年採用私有土地制的民族中，也還有保留的。

土地原來不過分配於各家長，這些家長便是最先佔領這土地的祖先之後裔；所以村落的每口人丁都應認識幷證實他的來源。在印度某幾個集產村落中，專門有一班人員掌理其種族的譜系；他們對於祖先全體的名稱能一氣數出，不遺忘一個。上古雅典家族的登記，也是一件極小心極嚴重的事體，倘若譜系中登入一個不屬本族的合法兒子，便要蒙嚴格的處罸。這樣的事情，到了宗法社會更嚴格。

第六章　秘魯及印度之村落社會

上面所說的，不過是概舉一些已知的村落情形，以爲血族集產社會的完全模型。這樣完全的模型，只可視爲長期存在和長期演進的結果，決不是各民族集產村落初形成時便驟然達到了這樣的境界。現在試述一低級形態的村落社會以爲例證：

祕魯在被征服的時候，土着的印加人（Incas）是原來統治祕魯的種族，他們初入村落集產的階段。他們土地的三分之二名義上都是屬於太陽神，其實便是印加人的共同財產。住在村落裏面的各家族，每年在耕種以前接受分地，他們是共同爲太陽神的土地耕種的。一切收穫物，經過祭祀用費之後，由印加人公衆管理，以爲普通一般的公益及全體居民之用；分配標準是以他們的需要爲原則的。豐富的駱駝毛與種滿各大平原的棉花，也是一樣分配的，每個家族全體人員要幾多材料做衣穿，便可充分的取得幾多。他們的共同勞動是很有快樂的社會情趣的：農事開工的時候，每日黎明便有人站在高崗的塔子上召集全村的居民；然後男男女女並且攜帶一些穿花衣的小孩子跑起去，一羣一羣的共同工作；一面還要高唱頌祝印加族的山歌。

印加人對於共同土地的耕種，以及收穫物的管理，比從歐洲出來的文明西班牙人要完善得多。西班牙的移民，大都是些閒日而食的窮鬼，乞丐，娼妓，盜賊……如此等等的文明人竟紛紛不絕的在一塊倉廩充實（貯着豐富的玉米子），沒有窮鬼乞丐娼妓盜賊的『野蠻』地方登岸！登岸之後，用砲火破壞印加人的天國而變成爲文明人的殖民地，然後文明人還要口口聲聲宣傳印加人的『兇惡』和『野蠻』！美國歷史家普勒斯哥（Prescott他著有History of the conquest of peru）曾得一個征服祕魯的兵士李奇斯曼(Lejesema)的記錄，據說印加人是很善治理的民族，其中沒有盜賊，沒有怠惰者，沒有嫖客。也沒有賣淫婦……；山林礦山牧場獵地以及一切財產都管理得很智慧，並分配得很智慧，他們各得一份使用的財產，絕不知道怕人偷竊，他們之間也絕不有口角的事體；他們看見西班牙人的住居常關門閉戶或加以鎖鑰，他們只以爲西班牙人是怕印加人殺害，他們絕夢想不到是防偷竊；假若他們發見西班牙人中有盜賊或引誘婦女之男子，他們對於西班牙人便看不起了。

祕魯共產天國的各種公衆工程的廢址，也如古代共產的埃及遺下來的廢址一樣，能使近世的藝術家工程師驚歎不置。横貫孔第綏縣(Condesuyu)的水道，有六至八個基羅米突長，用以幫助自然的湖澤及山中的貯水池以引水。從基多Quito至居斯哥(Cusco)的通路，長約二千五百至三千基羅米突，每距十五基羅米突有些保壘及用極大直徑的石牆包圍的軍事草棚。道路寬約七尺，上面鋪以大石，某幾處曾覆蓋一種極堅硬的西門汀土。在一個萬山之中的地方，許多的瀑布與深谷上面都架有木橋。亨博樂(Humbololt)在十九世紀初年遊過祕魯，對於印加人的各種工程發了下列的讚歎：『這樣大石頭鑲成的道路，很可與我在意大利法蘭西西班牙有見的羅馬道路比美，……印加人的道路是極有用的工程，同時也是人力做出的極偉大的工程。』然而這種偉大的工程竟是不知使用鐵器，和還沒具有家畜的共產民族完成的。

此外我們更看外力高壓下面的印度村落社會：據英國印度總督梅特加夫（Metcalf）一八三二年的報告，各村落社會都是一些小共和國，他們都能生產他們所需要的東西，幾乎完全脫離外界而獨立。無論朝代怎樣變換，革命怎樣頻仍（如 Hindous, Patans, Mogals, Mahratta, Sicks 和英國人輪流為他們的主人），但村落社會還是常常一樣的。到了危亂的時候，他們也武裝起來，并築堡自衞；但敵人的軍隊如果要橫過國境，他們只好收集家畜關於屋子裏面，讓敵軍過去，以免招惹。假若敵軍對於他們大肆刦掠，而其勢力又不可抵抗時，他們便遠天遠地的逃走，或跑到別的村落去避難；等着刦掠經過了，他們又復跑囘家來。然若慘節連續幾個年頭，把他們的地方破壞不堪居住了，全村人民只有散亡在外；但一旦可以居住的時候，他們便要立刻歸去的。子孫歸去復佔了祖先的田地，那末，村落一切情形又要恢復如從前一樣。這樣的遷徙很不是容易的事，他們常常要堅持久長的歲月，經過各種的危險與擾亂，才得制勝敵人的刦掠與壓迫。梅特加夫更憂悶的歎息道：『這樣外部的打擊到還無傷，只有我們的法律與法庭却容易破壞這些村落社會』

俄羅斯的村落也都是獨立自主的；他們都能在自己的村落裏面生產他們所需要的東西以自給；他們之間，不過在一種很不完全的狀態下發生一點關係。有時似乎有點聯合，也常常容易被俄政府所壓息。印度也是一樣的，英國只用五萬人的軍隊便統治了一塊比俄羅斯人民更多的廣大土地；印度各村落之間因爲沒有聯合，所以不能有絲毫的抵抗力。

第七章　村落社會在中國之遺跡

村落集產社會不僅爲母權到父權，半開化到文明的過渡，而且橫亙在各開化民族中的宗法社會也是由她產出的。因而她的遺跡在最老的宗法社會或封建社會裏面，每每可以爲長期的殘存。不僅在俄羅斯如此，在中國也還有其遺跡。

原始母權氏族的共產社會，在中國久已湮沒無痕迹了，獨村落集產社會的痕跡還多少可耐尋索：不僅『張家村』『李家村』等現在還遍存於各地，而所謂三代以上的『井田制』及以後模仿或夢想井田制而發生的『授田』『均田』『班田』『限田』等制度與學說莫不爲遠古集產制度之遺影。相傳一塊井田爲九百畝，中爲公田，以其餘八百畝分配於八家，每家得一百畝，卽所謂『一夫百畝』。『夫』就是指已婚成家的家長；授田年齡，以三十娶妻成家者爲合格，到了六十歲又要將所授土地復返於公，而不得買賣或私相授受；然地有肥瘠，有的年年可以耕種，有的要休一年或二年才得再耕種，故周禮說：不易之家地百畝，一易之地二百畝，再易之地三百畝（鄭司農註：不易之家，歲種之，故家百畝；一易之地休一歲，地薄，故家二百畝；再易之地休二歲後種，故家三百畝）。在村落或部落時代，土地主權屬於村落或部落所共有；後來政治統一，遂集中於統治者天子諸侯之手，又由他們的手以再分配於人民，故有『溥天之下莫非王土』之言。『王』一面爲統治權的代表，一面又爲領土主權所屬的代表。耕地分配之外，又有宅地的分配，各家皆得宅地五畝；耕地須按期繳還於公，宅地則許其永業，至於山林川澤以及牧地，則概由公家保留。

此外，還有所謂『籍田』與『園囿』。相傳籍田是爲天子躬親農事而設的，地面有千畝之多；實際則爲統治者保留從前村落集產時代共同耕種的紀念。故到了每年舉行籍田典禮的時候：

由掌理觀察天時的大史（卽印度村落占星師之變相）擇定一個吉祥的時日，先幾日通告掌理稼穡的后稷，

后稷據以通告於王，王乃使司徒遍告公卿百官庶民，

司徒卽設壇於籍田上面，並飭大夫們都準備那一日的農具與用品；

先五日，又有一個什麼瞽師報告有一種和協的風發起來了，於是王卽齋戒沐浴，百官也跟着他喫齋，

齋戒三日，乃舉行一種簡單的農品（什麼鬯與醴）祭典，百官庶民都跟着王去祭；

到了籍田這一日，后稷出來監工（在村落時代是長老監工），膳夫與農正陳設籍禮，大史引導王親耕；

王耕一墢土，各級官吏遞加三倍，然後庶民把一千畝都耕完；

耕完之後，后稷省察王及百官的工程，大史做監督，

司徒省察庶民的工程，大師做監督；

這樣省察完畢，然後宰夫陳餐，膳宰做監督：各級官吏次第吃一點，

最後庶民大喫特喫，把所陳的飯菜一概吃完（參看國語虢公諫周宣王不藉千畝）。

這樣一齣籍田的喜劇，完全是一副村落集產時代共同耕種的遺影，所不同的，不過塗飾一點封建的禮文與點綴罷了。

狩獵爲野蠻時代生產方法，園圃爲半開化中期的發明，及農業發達二者都成爲副業。中國古代帝王於籍田之外，又設園囿以存太古之遺習，其後則完全變成爲遊樂場所而忘其本。在周朝的時候，囿中豢養禽獸，以供習田獵并備軍國之用。相傳文王之囿方七十里，是向人民公開的，其後齊宣王有四十里之囿，則已成爲他獨樂的場所（見孟子）可見帝王諸候的園囿也同籍田一樣，都是太古遺下來的痕跡。

第八章　宗法家族與集合財產之性質

據科凡來甫斯基(Kovalevsky 著有 Tableau des origines et de l'evolution de la famille et de la propriete) 在斯拉夫民族中研究的結果，宗法家族是從集產村落派生出來的；她也是幾個

家庭的集合體，她的命運與財產的集合形式有密切的關係，因爲財產的集合便是宗法家族存在的主要條件。

家族與財產是以同一步驟演進的：就家族方面說：最初，氏族是全體人員的共同家庭；久之，氏族分成爲幾個母權家族；復次又分成爲幾個父權家族。父權家族還是幾個家庭的集合體，所以也可稱做父權氏族；最後，父權家族又分成爲一些個體的家庭。就財產方面說：氏族共同的財產分成幾個母權或父權家族的集合財產，又由集合財產變成爲一個或幾個個體家庭獨占的宗法家族的私產。可見兩者演進的步驟完全是相同的。

上古一切社會，莫不承認財產在家族地位之重要。比如在斯巴達，若是一個公民喪失了家族的財產，或減少了家庭的財產，而不能供公共衣食的消費時，這個人便排除於惟一具有政權的貴族階級之外。雅典人的國家對於家族財產的管理也很注意的監督；凡屬公民皆有要求干涉或禁止不善管理家產的家長之權。家族集合的產業，既不屬於家長，也不屬於存在的人員，但是屬於子子孫孫永續不死的家族集合體；過去，現在，和將來的家族財產都是這集合體的。然而這集合體屬誰呢？屬於他們的祖先。所以每個家族的廳堂中都有他們祖先的祭臺，神主或墳墓。生存的人們雖爲實權的享受者，但其職務在担任繼續祖先的遺產，和維持祖業的繁盛以傳於後人。

房屋是家族財產的中心。雅典的法律，只准賣土地，而禁止賣房屋。土地的財產是不可讓與的，旣不由家族人員瓜分，也不能拿出家族以外，只能代代相傳於男性的後裔。希臘習慣：父若不將財產遺與男兒時，女可爲相續的人的過渡，然後與父的一個親族結婚，使這個男子成爲正式的相續人。佛蘭克人及其他日爾曼人的法律也說：『假若死者不遺財產於其子，則銀子和奴隸屬於女，而土地則屬於父系的近親和後裔。』

管理家產的家長，有時是被選擧的。他應好好監督耕種的執行和房屋的維持，務使能供給家族全體人員的需要；並且要常常想到他將來對於後任家長打移交時，務必使財產如他接受於前任一樣的繁盛。爲的要完成這些責任，便應賦他一種專制的權威，所以他不僅是立法者，又是裁判官與劊子手；凡屬在他命令下面的個體，都可由他裁判，處罰，或懲戒；他的權力一直到可以賣出兒童們爲奴隸，和對於隸屬者處以死刑，——包括他的妻在裏面。

每個家族授田多少，通常是以組成她的人口數目做比例的。家長要想增加土地，便要先設法子增加其人口的數目；於是便發生早婚的習慣，使其幼年兒童娶一些壯年女子做家庭的奴婢。據哈截孫的報告，他在俄維斯各村落裏面，常常看見一些高大強壯的少年婦女，抱着小丈夫在她們的腕中。

此處可借用一句普通的成語：『國之本在家』。這句成語在從前一般道德家和政治家用之早已不甚正確；而在我們用之，確可爲集產發達到一定時代的眞實表詞。凡建立在集產基礎上面的村落，儼然是一個獨立自給的小國家。由各家長（都是平權的）組織的長老會議就是他的政府。比如俄維斯的農人，生死於他的村落之中，凡屬村落以外的東西，於他都沒有關係；所以密爾的字義在我們譯作村落，在他們便視為『世界』。印度村落社會的財產制和分工，在還沒有受英國的統治及『文明國』徵稅制度的破壞影響時，已達於充分發展的地步。印第安人中雖然也有分工，但比較印度人的低得多。印度每個村落具有一些公衆服務的人員：如各種各色的匠人（造車匠，織匠，裁縫匠，挑水者，洗衣者，……），在沙子上畫字的教書先生，給每個家族登記種源與苗裔的修譜先生，預言播種與收穫時日的占星師，給全村居民看守畜羣的牧人，掌理宗教的婆羅門僧侶，以及為各種族宗教祭祀跳舞的舞女；這些人員都是以村落的公費維持其生活，他們只應給土着的各家族盡義務，而不應給從新建成村落的外人服務。據蒯培爾說，各種奇怪事情中之最可注意的，便是鐵匠及其餘某幾種匠人的報酬多過於司祭的人員。

此外每個村落還有一個或幾個首領及許多職員，有的是管理本村落各種關係及與外界之關係的，有的是管理犯罪和侵犯事務的，有的是管理招待旅客之義務的，有的是保護田野，測量土地的，有的是看管灌溉預防水旱的，這些人員，也都是以村落的公費維持其生活的。村落的首領，是以他的能力，知識，管理的才幹，以及善使魔術等資格被選舉的。他是共同產業的保管者，購入自己村落中一切不能製造的各種用品，及賣出自己的剩餘物品。

第九章　土地私有財產之起源

充野蠻人與半開化人的邏輯精神，縱多只能想像到自己所製造的物件和自己所常要使用而不能離身的物件爲個人的財產；但是決不能想像到自己所不能製造和自己年年只能在共同家族中使用的一部份土地會成爲個人的財產。所以土地私有的觀念，在人類的腦中，原來是很難貫入的，除了經過長久的歲月，迂回曲折的浸潰。

用籬笆圍着，和用人力開闢的土地，並不是土地私有的發端；認此爲土地私有的發端，不過是盧梭的感情學說。我們要找土地私有的起源，最初只能找出一種『宅地』的分配。因爲房屋可以爲搆造的人或住居的人之所有，所以宅地也被視爲一種動產。在中國井田制時代，宅田也准許個人永遠使用，而不復返於公。在許多野蠻人和半開化人中，房屋與其他動產（如武器，裝飾品，衣服，及其所寵愛的牲畜等），是隨着死者而焚化的。英國極古的法律，和法國以及其他地方的習慣，都把房屋列入動產之中。

房屋是家庭的中心。家庭是不可侵犯的，所以房屋也是不可侵犯的。卽在原來住居的家族喪失退出其房屋之後，房屋還是永遠保持不可侵犯的權利。各社會中的公民可以被捕，可以監禁，也可因負債而賣爲奴隸，但房屋是始終不可侵犯的。人們不得家長許可，不能擅自跑到人家的房屋裏面去。原始的人們無所謂正義，無所謂裁判；正義裁判之始！始於各個家屋的大門：假若是一個犯了罪的人，便拒絕其跨過大門的門限；若是罪人觸動了大門的插鎖，便是犯了社會公訴的重罪；要免避這重罪，只有逃到其父親的領域裏面去，因爲父在自己的地域以內，有立法兼行政的威權。紀元前一六八年羅馬一個犯了死刑的元老，和幾個酒醉的羅馬婦人，犯了擾亂公衆安寧和道德的罪過，官廳只有將逮捕的職務要求各家長去執行：因爲婦女住居家中，除家長的權威外，國家的法律是不能及於她們的。家屋之不可侵犯，在羅馬已達到這樣的地步：任何羅馬人都不能要求法官和公衆勢力，跑到人家去逮捕一個抗命的犯人。

村落社會各家族的房屋不是相聯的，但是孤立的，並且每個房屋包圍一帶土地。據達西德及以後許多歷史家說，這種孤立是半開化人預防火災的方法，因爲各個住居通常都是用樹枝與茅草蓋搭的。但這種很普遍的習慣，不是這樣的理由可以說明的。野蠻民族和半開化民族的獵地莫不剩餘一些中立地帶爲界限；各個獨立的鄰居之間，剩餘一些不占領的空間，當然也是同一理由。這些包圍每個住居的土地，後來遂同着房屋宣布爲私有財產。

各個獨立的住居，開始是用籬笆圍着，復次才用岩石築成牆圍。牆圍以內，在半開化人的習慣法，叫做法定的家屋圍繞地（Curtis legalis，或Hoba legitima）。在羅馬十二銅版律中，隣近各個獨立住居的距離是必須審定的：城市房屋的距離則規定爲二尺半（銅版律第七版，第一條）；

不僅一切住居是獨立的，每個家族的每塊土地也是獨立的。這可證明決不是爲預防火災了。銅版律第七版第四條又規定：各家田原之間，應空五尺寬的地帶以爲界綫而不耕種。

第十章　集合財產之分裂

集合的財產，是由氏族共產起分裂作用時產生的。當半開化時代到了盡頭的時候，這種分裂作用又輪到了集合財產的本身：包括衆多家庭的大家族漸漸的解體，集合的財產也漸漸的分成爲個人的財產了。

氏族與村落兩種不動產的繼續分裂，都是由動產的事實限定的。動產爲轉移不動產的積極原動力，不僅過去如此，現在也是一樣的。

不動產的個人化，不過隨着動產的個人化才發生；動產的性質，是天然的准備個人化的。當氏族共產社會起分裂作用時，各家主母從共同住居中攜帶幾件動產（如家具，構屋木料，牲畜等）分離出去，各立門戶，建築新住居；縱然她們的建築是很幼稚的，然而我們從此已可看出動產在實際上卽已如此重要。房屋下面的土地，隱約之間，便已具有個人財產的性質，因爲房屋與土地是不可分離的。房屋所在的地方，這種性質自然容易擴張到周圍屋宇的一帶土地。由此每個家庭隨着房屋的建築而建築了家庭的財產，其勢是很順易的。集產家族發達到恰當程度，自然又要分裂爲幾個大家庭，而各家庭自然又要瓜分集合的財產以自膨脹。

這種膨脹，藉着動產的增殖而益迅速。凡位置適宜的村落便於商業的發展，因而動產愈益繁殖。這樣一來，村落中各家族之間的平等便破壞了：這幾家日看日窮，日看日負債；而別幾家日看日富，並運用其財富勢力以圖吞併集合的土地。凡不能還債的各家族，其土地遂次第落於橫領者之手。

財富的功用，在集產的本身也是一樣的覺得。起初，一切財產都是共有，家族中沒有誰人具有個人的財產，也只有使用的東西才成爲個人的所有品。在印度各集產村落中，錢幣不用以做任何的買賣，但用以做裝飾品，把他縫在衣服上面；無論任何人獲得的東西都屬於全家族。但是到了動產增加的時候，人們的心理便要大起變化。斯拉夫人有一句俗話說：『我們應當把母牛引到外面去走走，因爲她日日跕在分娩的欄裏面！』這句話的意義是：『要使個人得發財便應與集合的家族分家，也如要使母牛分娩得快，便應引她出去走一走。

動產的來源，開始不外兩端：一是刦掠，一是戰爭。戰利品(peculium castrense)，在羅馬人的習慣，是歸個人有的第一種動產；斯拉夫族各國也是一樣的。男子由動產的權威在家族的不動產上發生特權，而排除女子於財產地位之外；女子出嫁於別家族時，至多只能得一點『嫁奩』。掠奪品或戰利品是有出息的，故由此又可派生一種準戰利品(Peculium quaoi castrense)。準戰利品怎樣產生的呢？一是高利借貸；一是經營商業。商業的範圍，開始是很狹小的，至此遂漸漸的擴張，以至可以販賣牲畜，寶石，金銀，奴隸，及不動產。因此集產家族的各家庭與個人之間，隨着財富而漸漸發生不平等的階級，一個階級是貧人，別的階級是富人；家族的調和遂從此破壞了。每個家庭爲謀個人的利益，有時甚至反對別個家庭的利益；所以集合的家族卒至於解體而建立個人的家庭。這樣的家庭初建立的時候，我們便可完全清楚他的性質和內容了。

在那些不成爲商業中心或流動財富的中心之各村落，是要慢慢地才能達他的極點。在這樣的情形中，假若不爲外來的打擊所搖動，好像這種財產形式很能永續幾個世紀。因爲實際，集產社會的本身就是整個經的濟單位：在她的內部可以生產自身一切需要的物品，以供全體人員物質生活和精神生活的需要。這樣自給的社會，假若其中產生擾亂調和的因數（也可說是革命的因數，如以上所說各種動產）很少，儘可將很寶貴的祖業一代傳一代的維持下去。並且當這種村落社會其農業與工業發達到恰當程度的時候，她很能供給居民不多慾望不大的各種簡單的需要，在她的本身中似乎再也找不出進化的因數了；只有來了外界的接觸才能使她再向前進。專制政府與資本帝國主義好像是專門担任這種工作的。『沙』之於俄羅斯，英之於印度，便是著例。所以他們可算是村落社會之最後的破壞者，如印度各村落社會，驟然遇着『文明國家』嚴重的財政負担，大商人，大銀行家等可怕的剝削，怎得不破產解體呢？

以上所說集產社會崩潰之原因，偏於動產支配不動產之一點。現在更從別一方面來說：農業進步的結果，也可自自然然引起集合財產的分裂。第一是鐵器完成，各個勞動者漸漸認識一己之力量，因而共同勞動漸漸解體而發生孤立勞動之趨勢；這種孤立勞動在以前是不足有爲而必須納入共同勞動中才有作用的。第二是耕種方法進步，使農產品豐富到發現於各市場的時候，耕種者自自然然發生這樣的企想：延長其分配土地的年限，因爲他們在所得分配土地中，旣加了許多人工，又下了許多肥料，所以他們不得不想要收穫這些勞動與肥料的利益；最初是要求將分配年限延長兩年三年，復次是七年以至二十年。這樣一來，一個種族的全部份或一部份的分配土地，由長久的期限，卒至可以成爲各家庭久假不歸的財產了。

第十一章 動產之發達

在野蠻時代，雛形的動產是很少的，如拷火石，武器，漁獵工具，小船，極簡單的家具等，開始皆視爲共同財產，也如一切穫物及土地穀物之爲氏族的共同財產一樣。

在半開化的各種族中，畜羣，寶石，貴金屬等動產雖然逐漸增加，然共產制也還依然存在。然而這些東西卒致促成人類第一次可怕的大革命，剝奪婦女在社會中的最高地位，使不自覺的男子高蹈在原始共產制和血族集產制的廢址上面而建立私有財產制的文明社會。

在原始共產社會中，農業與工業是很幼稚的，所以找不出奴隸的地位。戰俘大部是置之於死地，只有氏族中發見勞動不夠或戰士減少時，才採用收容的方法。及土地開闢，家畜與工業進步，才開始採用奴隸制：爲經濟的利益而保留戰俘，幷使之調供各種生活上的需要而從事於各種勞動。戰爭，原來不過爲各種族間爭奪或防守獵地而偶發，至此遂成爲增加各種動產和掠奪畜羣奴隸穀物以及貴重金屬的直捷方法。半開化高期的戰士與獵夫，類皆厭惡勞動：他們要規避艱苦的農業勞動，便專門努力於刦搶和戰爭，遂現出刦掠事業爲增殖動產之習用途徑。

前史時期的希臘，強盜們是異常大胆異常發達的，他們沿着地中海各岸打刦，刦得貨物，便攜着回來藏於城牆之最高處；希臘沿海各城牆上面的強盜窠，正如巖石上面的鷹巢一樣。希臘英雄歌中，有一段很好的東西，足以使我們知道半開化高期戰士的生活：

英雄歌：

我有長槍和利劍，

並且還有盾，

把我的胸膛做戰壘，

爲的要發財！

我用這些東西耕，

我用這些東西稄，

我用這些東西製造甜蜜蜜的葡萄酒，

我用這些東西使奴隸們——

叫我做領主！

並且還要使那些不敢荷槍帶盾的人們——

跪在我的面前如跪在主人面前一樣，

我還要使他們叫我做大酋長！

又有一個英雄歌，是芬諾人（Finnois）的敘事詩，也是一樣的腔調：

我的黃金和月亮一樣的老，

我的白銀與太陽同年：

他們都是從戰場中勇敢奪來的。

從戰爭中得來的一片小錢，

比由犂頭翻出的——

一切金與銀，

價值大得遠！

陸地上和海面上的劫掠，在半開化高期的民族中，占極優越的地位。縱然他們一面從事農業，一面還是做強盜。據愷撒的記載，日耳曼各民族每年留一部份戰士在家裏耕田，遣一部份戰士出去劫掠；遠征隊囘來了，耕田隊又出去，兩部份人年年都是這樣互相輪流的。至於戰利品的處分，最初都是分配於全體，因爲留在本地的人也是爲大家而耕作；所以他們全體，在農業與劫掠業中，還是共產主義者。然而這樣的共產主義，後來卒致消滅了；但劫掠業還是永續存在，一到近世資本帝國主義的國家而達於極點。私產制充分發達的雅典人，還保持他們從來劫掠的風俗；大賢梭倫執政的時候，還維持雅典一些的劫掠團體。據都昔第（Thucgdide 希臘三大歷史家之一，紀元前四六〇—三九五年）說：『凡屬長老，對於劫掠事業，絕不爲羞恥』；而近世資本帝國主義的國家，亦以掠奪殖民地和弱小民族爲莫大之榮譽！

文明初期的英雄們遍布於地中海沿岸各處。他們不僅劫掠畜牲，穀物，以及各種動產，而且劫掠男子和女子，做他們的奴隸。最初奴隸是共同財產，土地也還是共同財產，在後才起瓜分。克拉特島在亞里士多德（Aristote）時代，還有些共同奴隸的羣衆，叫做諾慈（Mnotx），爲公共產業做耕種的工作，其收穫則供全體公民之用。希臘共分奴隸爲兩階級：其一爲公共奴隸，（Koineodouleia），屬於國家；其一爲私有的奴隸（Klarotes），屬於各個貴族的家庭。雅典也有許多公共奴隸，其職務不是耕種土地，但是做劊子手，警察，一切行政機關的下級屬員，或聽差等等。公共奴隸，在印度也可發見；印度可說是過去種種習慣的大陳列所。賀吉森(Hadyson)在他著的亞細亞社會記(Transactins of the Royal Asiotic Society 一八三〇年出版)裏面說，建立在馬德拉 (Madras) 西北四十五基羅米突地方的村落，其中的居民關於他們一切的農業勞動，都有奴隸們帮着做，這些奴隸是他們的共有財產。這些奴隸，一部份是販買來的，一部分是由沒收抵押品來的。貧的家族，原先以共同土地做抵押品，向富的家族借貸，等到土地被沒收時，附着於土地的人們也隨着沒收爲奴隸了。

第十二章　封建財產之起源及其性質

封建的財產(La propriete feodale)有兩種形式：一是不動產，如田莊釆地第宅等，封建派叫做附身財產(Corporelle)；一是動產，如年役徭役什一稅及各種賦金等，封建派叫做非附着財產(Incorporelle)。

封建的財產是從集產村落社會產生出來的；她發達到一定的程度，便毀損了村落社會而形成一種新的社會制度；並且由此演進幾百年之後才達到個人財產的眞正形式，——即資產階級的財產(La propriete bourgeoise)。所以封建的財產乃是上古血族集合財產和近世個人私有財產間的擺渡。

在一切封建時代中，地主對於農奴們所附着的土地財產並不能如近世資本家對於其資本財產一樣，具有獨立自由的使用權和享用權。土地不僅不能由封君買賣，而且是農奴們的代理相續人；地主對於土地只能按照習慣和法律相傳授，此外絕不容許其有違犯舊習之餘地。封君不僅對於上層階級要履行各種義務，對於下層階級也要履行各種義務。

怎樣說封建的財產是從集產村落社會產生出來的呢？當承平而未發生繼續不停的戰爭或外族入侵的時候，村落社會的生活是很平靜而很平等的，首領（或酋長）與居民並沒有什麼區別。但戰爭不停的發生，則上述狀況遂漸破壞；前此平淡無奇的族長地位至此便要變成爲賦有許多必要特權的軍事首領，村中居民不能不集中勢力於其首領的保護與微調之下，由此徭役（如掘戰壕，築城壘……）賦稅等必要服務隨之而生，久而久之，便成爲普遍的社會制度。至其詳情，余將於第三篇述之。

封建財產之下，又派生一種教會財產（La propriete ecclasaistique）。教會財產的起源是伴着封建財產而來的。當維護封建制度的無形武器——基督教——發展到恰當的時候，他便廣開天堂以接受農民的土地與物質之貢獻，而給農民以教會權威之保護，以對抗虐待農人之封君和諸候。

今將封建財產之要項，分條述之於下：

徭役（Corvee）——部落酋長還未成爲軍事首領的時候，他也是一個平常的居民，從本村中接受一份耕地；後來因爲外敵壓境，他的土地只有交給全村居民替他耕作，而自己專門担任防守的職務，幷且漸漸變成爲封君。據哈截豨的報告，俄羅斯每個村落的土地，封君只領四分之一或三分之一，交由全村居民去耕種。

當封君和教會的產業擴張時，他們所具有的農奴還不足以耕種其土地，則只有交給自由的農人村落去耕種。耕種者無論是自由人或農奴，他們對於封君的勞動時間是有定的：大部份勞力是耕種封君給與的自己的土地；小部份勞力是耕種封君領有其收穫的土地。

在商品生產與商業還未發達時，封君與農人成爲自己供給一切需要的製造家。封君的宮殿和教堂裏面都沒有製造一切需要品(自武器農具以至衣服等)的工廠。農人和他們的妻女，每年都要在這些工廠裏面做一定日數的工作。婦女的工廠由宮娥管理，幷取名爲奇尼西亞(Gynecia)。教會裏面也有同樣的女工廠。這些女工廠不久便變成爲封君牧師及其臣僕的公娼室。奇尼西亞的名詞簡直與賣淫同其意義。

家臣與自由農給封君耕作的勞動時間，開始是很少的：某幾處地方，每年不過三日；有幾個王國也不過規定每年十二日。農奴的徭役雖然比較繁重，然每個星期通常亦不過三日。農奴得享用封君一部份土地，只要不被驅逐；此外對於封君的收穫和牧場皆佔有一部份的權利。

收穫之宣告(Bans de Moisson)——集產村落社會之勞動紀律，以上既已說過，收穫和播種的日期是由長老會議規定的。這種習慣，在封建社會裏面還是保留，不過其權限由長老會議而移於封君。一切穀物，小麥，牧草，葡萄園的收穫，皆須由封君宣布時日。這不僅是一種形式，乃是一種經濟上的利害關係：比如某個封君要使他的收穫早於隣近各村落的收穫而在市場上佔優勢，則他的播種與收穫的宣告，都要早於別的地主。

公用租借(Banalite)，——前面已經說過，在集產村落裏面，有些職務是由公衆設置幷由公費維持：比如牧人和匠人等皆由全村雇用；而公共鎔鐵鑪，屠場，手磨，獸欄等都是共同使用的。這種習慣，在封建社會還是保存；所以公用租借制也還帶有原始共產制的意義。這種制度也是建立在經濟的必要上面的：比如爲減少燃料計，所以設立公用麵包竈，使每個家庭不要另起爐火。維持幷看管這公用麵包竈的責任，以前是屬於長老會議，以後是屬於封君。凡使用這公共麵包竈的，都要徵收少許的稅額：照一二二三年勒姆(Reime)總教主的法令，凡每竈烤三十二個麵包的，應繳納一個麵包做租稅。照阿奇斯(Boucher d'Argis)所引一五六三和一六七三年的法令，凡使用公用手磨的，繳納其所磨小麥十六分之一與十三分之一。然而這樣的制度很能阻礙商業和個人營業的發達，所以只有在商品生產還未發達的時代才能存在。一七八九，法蘭西資產階級的革命後，便正式宣布廢除這些封建制度的束縛了。

教堂(L'Eglise)——凡被鄉村人民所供養與愛戴的牧師，他們與人民之間建立一種密切的關係，造出許多儀式與宣傳的方法以繫人民的感情，并且幫助人民以對抗封君。牧師與人民間的聯合，顯然足以表示教堂所具有的性質。教堂本來是牧師，封君，和農人的共同財產；不過後來才成爲敎會專有的財產，除却禱告時間以外，便關門閉戶不許人民進去。中世紀教堂上面的鐘樓，本是專爲農人預防火災，警告刼掠，及召集會議之用的；所以十七世紀和十八世紀法蘭西的司法文庫裏面，常常發見農人控告教堂不許其使用鐘樓的案卷。

什一稅（La dime）●——什一稅是教區居民付給教士的工錢；她同各種封建的賦稅都是用農產品繳付的。這種稅的輕重，是以收穫的豐歉爲比例。資產階級革命後，這種稅由教會移於國家，而叫做租稅（impote）；無論收穫的好歹，租稅的徵收是一樣的，這是租稅與什一稅不同的地方。

這種幫助敎會的什一稅，原先本是隨意的；但後來成爲一種強迫的義務。所以封建時代的俗語說：土地沒有了，什一稅和負担也沒有了。什一稅一經成爲官式的權利之後，世俗的封君也徵收起來，於是農人的負担增加兩倍。

封建制度發達到一定程度，封君對於他的家臣，自由農和農奴便停止其保護地位而居壓迫地位．對於人民強征暴斂，以擴大其封建的財產。如英格蘭和蘇格蘭的封君，用野蠻敏捷的手段，把鄉村農人的土地沒收得乾乾淨淨（參看馬克斯資本論二十七章）。這個時候，封建諸侯已成爲破壞共同財產的蟊賊，與從前的性質完全相反。

封建貴族霸占村落的土地常常使用種種的方法：他們或託詞於農人佔有土地不合於他們的財產名義；或主張變更財產的權利而沒收土地上一切剩餘的利益；或用暴力破壞以前的契約，而使農人從此以後不得具有土地。

然封建財產的特性，始終不是自由的和個人的，但是家族的；所以既不能買也不能賣，每代封君只有實際享受其利益而担負遺傳於其後嗣之責任。教會財產的性質也是一樣的，雖然不是屬於世俗的家族，却是屬於加特力教的大家族（貧人，牧師，尼姑，教主等）。教會財產超出於租稅範圍以外，所以獻地之農人愈多；直到資產階級革命以前，神聖的財產是超越於世俗的財產以外的。

村落土地雖被封建貴族所沒收，然共同使用的古風並未斬斷；穀物收穫以後，土地又向全村居民所有的牲畜公開而復成為共同的財產。葡萄園也是一樣的；山林川澤的共同使用也是保留的。這些遺習，直到資產階級革命後才完全推翻；所以惟有資產階級是土地私有財產的創造者。

第十三章　商業之起源及小工商業之發展

前面已經說過，動產發達，一面產生刼掠業，別面產生商業。由商業的發展，又產生近世刼掠的資產階級社會，這是很值得注意的。

在自給經濟時代的集產村落裏面，本來沒有商業的地位；當分工在這社會內部初起的時候，不過採用一種換工制（echange de services）：如農人給鐵匠織匠耕種土地，而鐵匠織匠給農人打鐵織布。至村落間的交換，不過在一定的時間由各村落的族長做經紀以交換各自剩餘的物品。但動產發達城市勃興的時候，逐漸形成一種商人階級，專從事於城市間和城市與鄉村間的交換事業。這種商人階級，人們最初是很鄙賤的（印度中間人的階級叫做賤族），視她如同盜賊；然而她卒於不聲不響之中，隸屬一切生產者，奪得全般生產的支配權。她的性質原來便是兩種生產者間的居間階級，兩種生產者都由她盤剝與掠奪。

初步的商業是物物交換，對方需要何種物品，都由雙方的商人去選擇。最初是用牲畜做交換價值的標準；復次是用金銀的重量做標準；最後才用鑄成的貨幣做標準。金銀貨幣成爲一切商品的商品；這種商品，其中包含一切事物的潛伏狀態，她的魔力足以轉變一切事物的志願。

自給經濟的村落社會，除却幾種匠人外，無須與外界發生關係。然外來的匠人，最初也是不許入境的，只容許他們住居於村落的邊境和城寨以外；在必要時雖准其入城，然居留時間通常不過一年一日。但這種限制是不可以永久的，所以匠人居留權隨時擴張，漸漸得受村落一土一屋以爲公衆服務；公衆替他耕作土地，每年給他以糧食。他若解除公衆職務的時候，村人對於他的製造品是要隨時以穀物去交換的。

在地當要衝的村落變成爲城市之後，城市居留權是很不容易獲得的；要獲得這種權利，便應繳納一定的年金。凡屬新來的人，不在農地分配，共同使用，以及城市一切公衆機關之列。這些權利只有最初佔領此土的人們之後裔才得享受。這些後裔，不久便形成爲特權團體，貴族社會，豪強城邑，以至封建的貴族政治；而在別一方面與他們相對抗的，則有各種各色的手工匠，外來人，沒來歷的人。他們爲保衞自己對抗豪強貴族封君的繼續暴斂計，便組成了各種各色的行業社會(Guild)。這樣城市居民的劃分，爲中世紀全時代階級爭鬥的源泉。後來城市既成爲生產交易以及增殖流動財富的積極中心，封建財產的範圍遂擴張於鄉村一切集合財產的上面，而爲後來資產階級的財產做了一個大準備。

城市有由村落變成的；也有由谷種匠人聚集而成的。河口或交通方便的地方，匠人們每每從各方跑來，以交換其製造品和必需品；這這地方不久便成爲市場：開始是暫時的，後來遂成爲永久的。在這種市場中，不僅各種匠人間互爲其需要而互相服務，幷且在市集之日(Jours de qoire)躉賣其製造品於外來的商人及與隣近各村落的農人互相交換。

由此手工業便要逐漸變更其性質，而匠人們也開始從賤民的地位中解放出來：村落社會，不僅輕視商人，而且輕視工匠，因爲工匠多半是沒有來歷與譜系的外人，所以村落容納工匠居住之屋叫做賤民之屋（Maison du client）。現在賤民的地位是增高了，他預先製好一些工業品，堆積於自己的小店子裏面，只等外來的原料來和他相交換。從此以後，他再也不須人家有求於他才去製造物件，但是預計售出之可能而製造物件。從此以後，他於生產者的資格上又加一商人的資格；他把買進的原料製造之後，賣出的時候要變成爲三倍的價格。由此，他的小店子自然也要擴大起來，而組合一些的學徒和夥計做他的助手。爲購買原料與給付工錢（給與在店主管理下做工作的工人）計，他不得不領有其剩餘價值；但這種剩餘價值的量是很有限的，雇用的工錢勞動者也是很少數的，所以他決不能成爲資本家（至多只能說是資本的萌芽狀態），他還要同夥計學徒們一樣的勞動。

行會的組織，一面是反抗城市專利的貴族，別面是防止同業間的競爭。行會最初的性質，是完全平等的，幷向一個地方的全體勞動者公開；後來因爲利害的關係，逐漸採取防止生產者和生產品過剩的方法而兼調節生產機關之作用，所以每個行會只堅緊的團結每一業的工人，而嚴格限制其同業的人數。不僅如此，工具和生產方法的發明與變更，也要嚴格禁止。每個行會有每個行會的特性，對於全體會員有嚴格限制其工作之責：比如同屬於靴匠工會的人員，做新靴的只准做新靴，修理舊靴的只准修理舊靴。至此行會完全成爲一種貴族的組織。

關於賣貨的習慣，也有許多嫉妬的規定：到了市集之日，人人皆須遵守固有的習慣，賣貨的人不許在街上牽拉行人，要任行人走到他所選擇的貨攤去買貨；若行人已跑過這個貨攤而這個貨攤的主人越界去兜攬時，便要受嚴格的處罰。

然而從矛盾方面看來，個人主義的生產，反能在這樣的行業社會裏面儘量的存在。中世紀的匠人是一個綜合的勞動者：他一方面是生產者，別方面是售出者；一方面是體力的勞動者，別方面是智力的勞動者（如管理生產等）。他單只有依靠幾種工具和一種生產便能到處生存。不僅個人可以獨立生存，就是城市與鄉村也可獨立生存。在中世紀的整個時代中，每一省，每一城市，每個村鎮，每個封建的田莊，以及每個農人們的住居，莫不年年具備全體居民所必需的糧食與副產品；他們所售出的不過是剩餘的穀物，所購入的不過是農具和奢侈品。至於消費品的輸入，是沒有這樣一回事的。所以中世紀的城市，在經濟上都是自主的，故各城市都能孤立自存；并且在普遍的相互間的戰爭中，形成一些的小國家。

當戰敗者滅亡，相互間的戰爭停止後，土地皆歸戰勝者所有；戰勝者要得人民的歡心，必儘可能的建立道路交通上的安寧。由此城市間和各省間和商業大發達，市場大擴張，而形成為手工業的中心。比如十四世紀干德城（Gand）紗羅織業的勞動者竟達五十萬之多；商業之盛，可以想見。商業這樣的發達，封建城市的社會組識根本的動搖起來。

第十四章　近世資產階級財產之發達

自十五世紀末，印度航路和美洲發見後，墨西哥和祕魯的金子流入歐洲，因此創立一種太平洋上的商業，而使土地財產的價值日益跌落，幷且給資本主義的生產以決定的動力。由此遂開一近世的大革命和階級爭鬥的新紀元。

自上述新地方發見後，歐洲的工業製造品斗然增加幷創立一些廣大無垠的新市場與殖民地。然崛起的新人物並不屬於行業社會，但是一些運用資本經營商業與生產事業以起家的製造家。他們不僅不遵行會的舊規與約束，而且完全違反行會的生產方法而建立新式的生產方法；生產量與雇用工人的數目，絲毫不受行會的限制。然而他們的製造廠，因爲行會工人的嚴厲反抗，在各城市裏面都不容許他們設立；他們只得逃到既沒有城市貴族又沒有行會組織的郊外，鄉村，以及新闢的地中海沿岸各地方去設立。所以巴黎和倫敦城外的聖安敦（Saint-Antoine），威斯門特（Weslminster），和蘇瓦克（Southwark），便成爲他們破壞行會和推翻小手工業的陰謀策源地（他們設立一些製造廠於這些地方）。

但新市場不停的擴張，製造業又不能應付其需要；於是大機器與蒸汽機發明，遂完全成功了產業革命；由此近世的大工業又奪了製造業的地位。近世大工業的特性，便是把一切散漫的生產手段和勞力集中於極少數人和大都市裏面，吸收極豐富的剩餘價值，迅速的積聚幷發展其資本。

大工業既不須攻擊行會的組織，也不須反對手工匠的主人之特權；她只用很有利的方法根本折壞一切舊生產方法的牆脚，如使勞力極其集中，規模極其擴大，工錢極其增高。此外更破天荒的採用極其精細的分工制，使工匠熟練的技能降到至低限度，而生產力反因此異常的增加。如從前的針匠，每人擅有製造一口針的全部技能；現在一口針分爲二十種工作，每一種工人只知道一點極簡單的技能。由此工人的個性與獨立完全破壞，而成爲極單純的附屬的機械，離開他的廠主的工廠便不能生產。至此生產成爲集合的事業，以前個人主義的生產完全歸於破滅。

大工業一方面破壞小手工業者個人主義的生產，別方面又要影響於鄉村的農業生產。以前生活於鄉村和小市鎭的小手工匠，人人都有一個屋子和一塊小小的土地；他們在一年之中，有幾個月是做工業勞動，有幾個月是做農業勞動。到了大工業發達，把這些小手工匠脫離自己的土地或大地主的土地，拋棄農業的勞動，而集中於城市的大工廠裏面。鄉村人口從此減少；大地主從此日受打擊而不勝其苦惱。然大工業一面奪去農業的手臂，同時又要求農產品增加以供給新組成的城市的人口。由此又發生資本主義的農業。

中世紀的城市是一種獨立的經濟單位；城市間的商業是偶然的，并且限於很少數的奢侈品。資本主義的生產發達到一定程度的時候，破壞這種獨立的經濟單位，渙散各種行會，而把許多孤立的地方集中爲一個或幾個大區域，以便利於他的大規模的發展。從此，每個城市或每一省的生產，決不限於單只製造供給自己居民所需的物品，外國和海外各民族所需要的東西都由他製造起來。

從前的經濟單位是複雜的，凡屬居民所需要的各種生產事業都集中在一個城市裏面。近代的經濟單位是簡單的，每個城市只有一種主要的大工業以及幾種補助的工業。各種大工業的城市，不僅不能獨立，而且互相密切的依賴；這個城市若沒有其餘各城市的物品的供給，便不能生活一個星期或一個月之久。不僅城市之間如此，就是資本主義的國家之間亦然。資本主義的國家，各有其社會生產的特性，比如甲國產煤乙國產鐵，甲為工業出產國乙為農業出產國，則兩國間互相需要的關係必密切而不可分離。所以資本主義的發達和旺盛，不僅建立在工廠和城市的分工上面，而且建立在國際的分工上面。

資本主義經過長時間的發展，連續不停的改革生產和交通的方法，於是完全破壞了地方的城市的和國家的經濟單位，而代之以國際的經濟單位。由世界市場之不停的開拓，遂使資本主義的生產發達至於極點。資本主義在百餘年中所創造之各種偉大的生產力，比以前一切時代（自原始共產時代以至封建時代）的生產力之總和不知超越若干倍。機器的發明，各種自然力的征服，化學工業的應用，大農業的發達，輪船火車的便利，各大陸的開闢，橋樑水道的建築……好像魔術家使用魔術，把人們斗然換了另外一個天地，不但可使冬季變熱夏季變冷各大陸之距離縮短至於至低限度，而且可使中國農人因外國商品的輸入而破產，上海金融要視倫敦紐約的行情為漲跌。

但這樣偉大的生產力一從封建的束縛中解放出來掀天揭地的發展之後，魔術師似的資本家再也不能駕馭或調節這種莫可思議的勢力。由此，商業恐慌和工業恐慌定期而來，如瘟疫一般，起於一隅，即要輪流傳染全世界。這種經濟恐慌每起一次，不僅糟榻許多生產品，而且要糟榻生產力的本身，每國失業的工人動以幾十萬至七八百萬計算。各國資產階級要解決這種難題，只有準備異常強大的武力去爭奪殖民地；但新的征服事業愈多，即新的經濟恐慌愈益嚴厲；而資本國家之間的戰爭，勢非使資本主義根本破滅不止。於是人類的歷史又朝着共產主義的方向進行了。

第三篇　國家之起源與進化

第一章　伊洛葛人之氏族社會

國家這種東西：有些人視他爲神聖；有些人視他爲萬惡的淵藪；有些人以爲他是由幾個野心家設立的，有些人以爲他是從有人類以來便有的；有些人想在二十四小時內把他廢除；有些人想把他維持到萬世萬萬世。這樣主觀的歧異意見，此處可以不必驟然下論斷；但逐章搊櫫客觀的歷史的事實，使學者旣明其本源，復知其究竟。

摩爾根說：假定人類的生命到現在有十萬年，大約其中有九萬五千年是行過共產制的時代。這句話初發表時，未免太驚駭了資產階級的學者。其實並沒有什麼稀奇：原始時代各種幼稚的生產方法是自然而且必然的歷程，所以原始共產社會也是自然而且必然經過的階級。這在以上各篇已經詳細闡明了。

在原始共產社會（村落集產社會不過是她的變形）中，旣沒有國家，又沒有政權，惟一的組織只有：氏族。所以書契以前完全是氏族的歷史，書契以後完全是國家的歷史。然而國家並不是忽然從天上落下來的。所以與氏族之間必有一定蟬遞的關聯，今欲明瞭這種關聯，勢必再舉摩爾根別一種重大的發明——卽伊洛葛氏族社會——於本篇之首：

美洲印第安人每個種族內部有幾個以獸命名的血族團體，與希臘的 Genea 羅馬的 Gentes 性質是一樣的；不過印第安人的形式是原來的形式，希臘羅馬的形式是後來轉變的形式罷了。並且希臘羅馬原始時代的社會組織，如氏族之上有宗族（Phratrie），宗族之上有種族(Tribu)，現在在美洲印第安人中恰好發見了惟妙惟肖的同類組織；更進一層追溯我們今日的根源，則這類組織乃是一切半開化民族至文明初啓時的共同搆造。自從摩爾根在印第安人中獲得這種例證，於是希臘羅馬上古史中各種極難索解的部份渙然冰釋，並且同時使我們對於未有國家以前原始社會制度的根本性質格外的明瞭。

第一篇已經說過，氏族是由夥伴家族產生的，夥伴家族是氏族集合的原始形式。夥伴家族是由一些夥伴結婚的人們組成的，因爲在這種家族形式裏面父性不能確認，所以一個種族的後裔祗能認同一母親爲元祖，而這個母親卽爲氏族的創造人。兄弟們不能在自己氏族裏面同他們的姊妹們結婚，他們祗能跑到別的氏族裏面和別的氏族的女子結婚；他們和別的氏族女子生下來的兒子，按照母權，祗能屬於別的氏族(妻的氏族)，而不能屬於自己的氏族。所以無論那個氏族裏面只能保留每代的女性後裔；至於每代的男性後裔總是屬於其母的氏族。

人口不停的增加：於是由原始的母氏族(Gens-mere)發生一列姊妹氏族（Gens-Soeurse）；又由姊妹氏族發生一列女氏族（Gens-filles）：由此兼攝幾個氏族的母氏族形成爲宗族，綜合幾個宗族又形成爲種族。然而在一個種族中，發生一些同類的血族團體之後，將怎樣的區別呢？摩爾根乃以伊洛葛和西尼斯族的氏族爲原始氏族的典型。在西尼加斯族中有下列八個氏族，每個以獸名或禽名名之：

第一個氏族叫做——狼

第二個氏族叫做——熊

第三個氏族叫做——龜

第四個氏族叫做——海狸

第五個氏族叫做——鹿

第六個氏族叫做——山鷄

第七個氏族叫做——鷺鷥

第八個氏族叫做——鷹

每個氏族遺守下列的各種習慣：

（一）每個氏族選舉一個平時的首領和一個戰時的首領，平時的首領叫做薩響（Sachem），戰時的首領叫做酋長（Chef）。薩響是要在氏族以內選舉的，其職務是世襲的；不過此處世襲的意義並不是傳位於其子孫，衹是缺出的的時候又從新選舉。酋長是可在氏族以外選舉的，有時並可虛懸而不必舉人。伊洛葛人中，母權就盛行，前任薩響的兒子决不能被選爲薩響，因爲他的兒子是屬於別的氏族。每個氏族中，一切男女皆與選舉。但選舉的結果須由別的七個氏族批准；批准之後，被選舉者由伊洛葛全體聯合會議舉行盛大的儀式任命之。薩響在氏族內部的威權是純粹道德性質的尊嚴，并沒一點強制的方法。職務方面，如西尼加斯的薩響，他是西尼加斯族的種族會議之一員，又是全伊洛葛各種族聯合會議之一員。至於酋長，不過在戰爭發生的時候，才得發號施令。

（二） 每個氏族可以隨意廢除其薩響和酋長。在這樣情形中，男女全體又來從新投票選舉。但被廢除的薩響或酋長便成爲單純的戰士，如別的戰士或剝奪公權的人一樣。此外，種族會議也可以廢除薩響和酋長，又可以反對氏族的意願。

（三） 氏族內部嚴禁通婚。這是氏族的根本規律，氏族的關係恃此才能結合。伊洛葛人關於氏族內部結婚的禁止，嚴格的維持而莫可侵犯。摩爾根發明這種簡單的事實，要算是第一次揭露氏族的眞性質。

（四） 死者財產祇能遺於本氏族的人員；財產不能出氏族。死者若是男子，其財產由親近的氏族人員——如兄弟姊妹及母的兄弟等承繼分配，死者若是女子。則由她的兒女和她的姊妹承繼分配，但她的兄弟則除外。同樣的理由，夫與婦彼此不能承繼財產，兒女也不能承繼父的財產。

（五）全氏族的人們是互相援助互相保護的，對於受了外人欺侮的報復行動尤其是要幫助的。每個人都有盡力保護自己氏族的人員和其安寧之義務；縱然損傷全氏族也所不惜。由氏族的血脈關係而產生復仇的義務，這是伊洛葛人絕對公認的。若別氏族的人殺了自己氏族一個人，全氏族的人皆須起來為之復仇。但是開始必有人出來謀調解；由兇手的氏族召集會議，向犧牲者的氏族提出和解條件，通常是提供一些道歉的表辭和重要的禮物。如果這些條件由犧牲者的氏族接受了，事情就沒有了；如果不然，則犧牲者的氏族指定一个或幾个復仇者去尋找兇手而置之死地。這樣被處死的兇手，他的氏族對於他不能有所惋惜；如果是這樣的情形，便算適當了事。

（六）氏族具有一定的名稱或一列的名稱，但祇能應用於種族以內；所以個人的名稱即隨其所屬的氏族名稱為標識。氏族人員的名字與氏族人員的各種權利是有密切關聯的。

（七）氏族內部可以容收外人，又可使之接近全體種族。這種方法業已成立：戰俘不置之於死而容收於氏族內部使成為西尼加斯族的人員，並在實際上使之同樣享受氏族和種族各種充分的權利。容收外人，開始是由於氏族人員個人的建議：建議容收之人若是男子，則以其容收之人為兄弟或姊妹；建議容收之人若是年長婦女，則以其容收之人為兒女。個人的建議，必得氏族的批准；批准後，必須於氏族裏面舉行莊嚴的容收儀式。常常有些孤單的氏族，人口格外稀少，但是容收別个氏族一羣人員之後，又可從新鞏固；不過這樣大羣的容收，須預先商得別个氏族的同意。在伊洛葛中，氏族裏面的容收儀式是在種族會議的公開會場中舉行的，實際上乃是一種莊嚴的宗教典禮。

（八）　在印第安人中存在的各種特殊宗教典禮，是不容易說明的；惟印第安人各種宗教儀式多少繫連於各氏族。伊洛葛人通常每年有六個節期，各氏族的薩譽和酋長例担任這些祭祀，而執行各種神父的職務，因為他們是伊洛葛人的忠實保衛者。

（九）　每個氏族有一個共同的墳墓。這種共同墳墓現在在紐約的伊洛葛人中已不存在了，因為紐約現在已是文明人的世界，但從前是存在的。至於別的印第安人如都斯加洛拉人（Tus-carOras）中，共同墳墓還是存在。共同墳墓中，每個氏族有個一定的排列，每個排列以母為主，而其兒女挨次旁葬，但是沒有父親。在伊洛葛中，死者下葬時，全氏族送之，並宣讀一些悲痛的哀詞。

（十）　每個氏族有一個氏族會議。這個會議是由全氏族的壯年男女組成的，是一種純粹德謨克拉西的會議，男女有同等的投票權。由這個會議選舉或廢除薩譽和酋長；同時又由這個會議選舉別的忠實保衛者；為一個被殺的氏族人員復仇時，決定血的價格的，也是這個會議；

批准外人加入氏族的也是這個會議。簡單一句，氏族的主權屬於氏族會議。這就是古典的印第安人一個氏族的各種職務。一切人員都是自由的個體，彼此互保其自由；他們都具有權利平等的人格，無論薩饗與酋長，都沒有什麼特權可覬覦；他們由血脈關係的聯合，形成爲一友愛的集合體。自由，平等，友愛，絕不是一些形式的設定，是各氏族的系根本則。這些原則自然的流行成爲一切有組織的印第安人的社會基礎，和一切社會制度的本位。在美洲發見的時候，北美一切印第安人才組成爲一些母權的氏族。只有很少幾個種族，如達加塔人(Dacatas)的氏族已經消滅了；此外還有某幾個種族如烏及瓦人(Ojeibwas)，烏馬哈人(Omahas)，則已組成父權的氏族。

在多數印第安種族中，每個種族包括五個或六個以上的氏族；而三個氏族或四個氏族(或四個以上)又集合爲一種特別的團體，摩爾根沿用希臘的舊名，把印第安人這樣集合的特別團體忠實的譯爲宗族。如西尼加斯族有兩個宗族：第一個包括一個到四個氏族；第二個包括五個到八個氏族。這些宗族——通常總是代表些原始的氏族，一個種族開始就是由這些原始的氏族分裂孳乳而成的。因爲氏族內部禁止結婚，每個種族至少必須包括兩個氏族才能獨立的存在。種族的數目陸續增加，每個氏族又分裂爲兩個或幾個氏族(當她們的每一個成爲特別氏族形態的時候，即從母氏族分裂出去)，原始的氏族(母氏族)乃兼攝幾個女氏族而爲宗族的存在。在西尼加斯和大部份的印第安人中，一個宗族之下的幾個氏族，她們皆爲姊妹行，所以她們之間成爲姊妹氏族；而別方面的一列氏族，便是她的表姊妹氏族（Gens-Cousines）。原來西尼加斯人，沒有一個准在宗族內結婚；然而這種習慣到恰當的時候便拋棄了，乃只限於氏族以內不准結婚。據西尼加斯人中的傳說，熊與鹿是兩個原始的氏族，其餘的氏族是由這兩個氏族分裂出來的。

宗族的職務，在一切伊洛葛人中，一部份是社會的，一部份是宗教的：

(一)各宗族間常舉行競技遊戲。每個宗族爭先選出最好的技手，其餘的人皆爲觀看者。每個宗族的人們站做一列，他們之間互賭勝負。

(二)在種族會議中，每個宗族的各薩響和酋長都有共同的坐位；通例總是分爲兩列面對面的坐著，每個演說家代表每個宗族說話。

(三)假若一個種族中出了兇殺案，而兇手與被殺者不屬於同一宗族，則被殺者的氏族乃訃告於她的姊妹氏族；姊妹氏族乃召集一個宗族會議，並通知其餘各宗族，最後乃開一聯合會議以調處其事。

(四)一個宗族的著名人物若是死了，對方的宗族須爲之担任喪事和殯儀的組織，而死者宗族只傳達悲哀。若是一個薩響臨死的時候，對方的宗族卽須向伊洛葛聯合會議通告缺職。

(五)當一個薩響被選舉的時候，宗族會議例須干與。一個氏族選舉的結果，雖經姊妹氏族考慮批准了，但別個宗族的各氏族還可提出抗議。在這樣的情形中，宗族會議又須開會，抗議若被贊成，則選舉作爲無效。

（六）伊洛葛人中有些特別的宗教的奧術，行奧術的會社，白種人叫做醫寓（Medicine-lodges），行奧術的人，白種人叫做術士（Medicine-man），因爲實際上就是一些驅邪治病的人。西尼加斯的兩個宗族，每個宗族有一個這樣的宗教會社，其中的術士是很有名的，他們對於族內的新人員，有啓發的法定權利。

（七）當美洲被征服的時候，有四個宗族分居於特拉斯加拉（Tlascala）的四個營屯裏面，由此又可證明宗族爲一軍事的單位，也如上古希臘及日耳曼氏族中的軍事單位一樣；四個宗族的每一個去赴戰的時候，猶如一個支隊的編製，且有一面特別的旗幟，服從自己的酋長之指揮。

照規則的編製，幾個氏族組成一個宗族；同樣，幾個宗族組成一個種族。但是有時候在很弱的各種族中，人數不多，則宗族一級也可以缺。

上面所說的是印第安人氏族和宗族的特性與職務，以下是種族的特性與職務：

（一）每個種族有一塊自己的地盤幷且有個特別的名稱。每個種族於日常居住的地方外，還具有一塊重要的漁獵土地。隣近各種族的交界具有一帶廣大的中間地帶。隣近各種族特有的土語是各不相同的。

(二)每個種族各有其特別的土語。實際上，一個種族一種土語乃是一種重要條件。隨着種族的分化，一些新種族必和一些新土語同時形成，這樣的事實最近還在美洲進行而莫能完全停止。也有兩個親近的微弱種族合併爲一個的，故在同一種族中也有說兩種土語的不過是極稀少的例外罷了。印第安各種族平均的人口，大約一個種族有二千人；合衆國中人口最多的印第安人要推柴洛葛種族(Tscheroquois)，——約有二千六百人，然皆說同一的土語。

(三)各氏族選出的薩響和酋長，任命的權利屬於種族。

(四)種族有罷免薩響和酋長的權利，又有權反對氏族的意願。薩響和酋長都是種族會議的會員，關於種族的各種權利便是由他們自身去解釋。各種族聯合起來又形成一種各種族的聯盟，以聯合會議爲代表機關，各種不能解决的權利問題皆可移於這個聯合會議去解决。

(五)各種族具有一些宗教思想(神話)和共同禮拜的祭儀。印第安人，可說是半開化狀態的宗教民族。他們的神話還沒有何種批評研究的對象。他們在人類的形式之下，想像一切精神，以誕生其宗教思想；但是他們還在半開化初期的程度，所以還不知道崇拜偶像以爲具體的表記。在他們之中有一種自然的宗教並且很初步的向着多神敎進化。各種族各有特別的節期，每個節期有一定的儀式，特別是跳舞和遊戲；無論在何處，跳舞成爲各種宗教祭祀的主要部分。

（六）一個種族有一個種族會議以辦理一個種族的共同事務。種族會議是由各氏族的薩謇和酋長組成的，他們是各氏族的眞正代表，因爲他們是隨時可以撤換的，種族會議是公開討論的，凡屬種族中的人員在會議中皆有發言權，並有權使會議諦聽他們的意見，然後由會議取決。按照一般的規則，凡屬與會的人都是要求聽取他的意見的；婦女有意見的，也可在會議中選擇一個男演說家說明她們的意見。在各種伊洛葛人中，最終的決議是要一致通過的。種族會議是要特別担任規定與外族之各種關係；接待或派遣代表，宣戰與媾和，都是種族會議的責任。戰爭是否要爆發，通常總是看種族會議的意願何如。通例，每個種族如果考慮她必須與別個種族發生戰爭的時候，種族會議便不會有媾和的表示。這支出征敵人的軍隊，大分部是由一些著名戰士組織的；這些著名的戰士踴躍赴戰，無論何人都可宣言加入，參與戰爭。遠征隊一經成立，便卽動員出發。在這樣情形之下，被攻擊的種族便要立刻募集志願隊，執行防守土地的職務，這類軍隊的出發與歸來，通常總要舉行公衆的大祭典。遠征隊是不能受種族會議的節制的，所以既不要由他發令也不由他要求。這類隊伍，人數是很少的。印第安人極重要的遠征隊，每每人數很少，而散布的距離極大。當幾個隊伍集合時，他們中的一個只服從自己的酋長；作戰計畫的單位，是由酋長會議隨意決定的。

（七）在很少幾個種族中，也有薩響兼酋長的。然而其職權是很薄弱的。在情形緊急要求一種迅速行動時，薩響中之一個，也可在會議召集前採取一些臨時的辦法或最後的決定。在這樣情形中，只有一個職員有執行的權力，由此遂產生最高的軍事司令（不是種種情形如此，不過大部分如此，）。

大多數印第安人，因爲種族的集合，不能跑開太遠。然亦有很少幾個種族，由繼續不停的戰爭弄得很弱，彼此分散於廣大的邊境之上，他們以很少的人口佔住很寬的地盤。由此，幾個血統相近的種族遂發生暫時聯盟之必要；在某幾處地方，有幾個原來血族相近的種族，渙散之後，又從新集合爲永久的聯盟，並且開始爲民族的形成。在合衆國的伊洛葛人中，也發見這類聯合的最發展的形式。他們十五世紀前住在密西西璧（Missisipi）的西方，大約爲達加塔族的一支，他們做了些長期的遊歷後，乃拋棄從前的地盤，分爲西尼加斯，加儒加斯（Cajugas）烏龍達加斯（O-nondagas），烏內達斯（Oneidas），馬哈克斯（Mahawks），——五個種族，移居於現在的紐約。他們還是過漁獵的生活，具有些粗大的菜園，並住在村落裏面，大部分的村落圍以鞏固的籬笆，他們人口的總數不過二萬，他們五個種族中的氏族數目是一樣的，他們說同樣的語言，土語也極相近。當他們佔領一塊廣大的土地時，五個種族之間便平均分配。他們既得了這個新地盤，乃以他們五族的團結力驅逐原先住在此地的土人；在十五世紀的上半紀，他們便結合爲『永久同盟』

。這樣同盟的結合，使他們頓然覺到自己的新勢力，所以永久同盟便帶了積極的性質；在一六七五年的時代，他們極拓土開疆之能事，強盛達於極點。此時依洛葛人的永久同盟，是半開化初期極發展的社會組織。永久同盟的根本條件是：

（一）永久同盟對於五個種族一切內部的事務，具有充分獨立平等的原則。五個種族都是同血統的，所以血統爲永久同盟的眞實基礎。在五個種族中，有三個叫母種族（Tribus-meres），並且彼們之間爲姊妹行；其餘兩個種族叫女種族（Tribus-filles）。有三個最老的氏族，在全體五個種族中還有最高的代表資格，其餘三個氏族則在三個種族中有代表資格；每個氏族的人員，相互間呼爲兄弟，卽在全體五個種族之間的人員亦皆呼爲兄弟。語言是同樣的，僅只土語有點不同。這是原來同種的證據與表現。

（二）永久同盟的機關有一個聯合會議，是由五十個薩響組織的。他們一概平列而坐以討論或考慮各種事情。這個會議，爲同盟中一切事務的最高決定機關。

（三）同盟初創的時候，五十個薩響，由各種族各氏族分配，於原來薩響的職務外又加了一些新職務，這顯然是由於適應聯盟的需要而規定的。有一個薩響出缺的時候，相關的各氏族便從新選舉一個以補之。如負這樣新職務的薩響，無論何時，都可由相關的氏族撤換；但是任命的職權屬於聯合會議。

（四）聯合會議的各薩響，同時又是相關各種族的薩響，在種族會議中有他的地位與表決權。

（五）聯合會議的一切決議應一致通過才發生效力。

（六）一切決議案，開始是由各種族投票表決，所以一個議案，要經過每個種族會議的人員全體通過才算有效

（七）五個種族的每個種族會議，可以提議或要求召集聯合會議；但是不能由他本身召集。

（八）聯合會議的各場會議都是在會衆之前公開的；每個伊洛葛人都能發言；不過惟有會議才能決定。

（九）永久同盟沒有獨斷的領袖人，也沒有行政首領。

（十）反之，永久同盟有兩個最高軍事酋長，兩個酋長的職務與權力都是同等的，與斯巴達的兩個王，和羅馬的兩個康桑爾（Consuls）差不多。

這樣就是四百多年以來，伊洛葛人的政治組織。因爲此處有機會供給我們研究國家還未發生以前社會組織究竟是怎樣的形態，故按照摩爾根的研究，將伊洛葛的社會組織，詳細描寫於上。伊洛葛的社會組織，可看做一切民族未建立國家以前的社會模型。這樣的社會組織，以公衆權利爲骨幹，所謂『主權在民』，『純粹德謨克拉西』，和『自由』，『平等』，『友愛』這些話，只有這

樣的社會組織才合實際而非虛僞。這樣的社會組織與公衆一般保持密切而不可分離的關係；後來的國家一經建築於特別的公衆權力之上，便與組成他的全體公民分離，而成爲多數平民莫可接的特別強權的集團，與原始的社會組織恰好成爲兩樣。這樣的鴻溝，自從有歷史以來就畫分了的。所以有史以後的社會莫不是階級爭鬥的社會；而有史以前的社會，既沒有階級，更沒有階級爭鬥，如伊洛葛的氏族社會就是顯明的例證。

我們研究以上所述北美印第安人各種情形，便知原始氏族社會怎樣的建立，種族怎樣的形成，怎樣的分化，怎樣的聯合而成爲民族，怎樣的遂漸散布於大陸之上，以及語言怎樣的變化（有時不僅變成不懂，甚至原來的語根完全消滅），母氏族怎樣以宗族的形式在種族裏面繼續存在。狼與熊，在多數印第安種族的氏族還喜懽用這兩個名字。以上所述，大概可以說明一切印第安人的社會組織，所不同的，祇有許多血族相近的種族還沒有聯盟能了。

氏族是主要的社會單位，一切宗族，和種族的組織都由這個單位產生出來的。三種組織是一個血統遞進的不同團體，雖每個自成一體，自理其各種事務，但又互相聯帶互相完成。無論在任何方面的民族，我們都可發見氏族爲原始社會的單位，並可找出其種族的組織與以上所述的相類似。我們不僅在淵源可尋的希臘羅馬中可以發見同類的事實；就是源頭湮沒，傳說不存的各民族中，亦可用伊洛葛的氏族社會爲鑰匙，以啓發各種疑難和隱謎。

氏族社會，是一種單純而幼稚的組織。她雖然那樣單純幼稚，但是旣沒有憲兵警察偵探，又沒有君王貴族，督軍知事，更沒有法官監獄和訴訟；然而一切行動，『不識不知，順帝之則』，各種口角與衝突，由氏族，種族，或各氏族開會解決，便可了事；復仇行動不過是極端的方法，應用極少。氏族社會中的共同事務：如家庭經濟，是一列家族共同的，並且是共產主義的；如土地是全種族的財產，僅只一些菜園指定屬於各個家庭；然而這些共同的事務，並不需要我們今日這樣麼廣大複雜的管理機關；各種要管理決定的事情，大都照幾百年以來成立的習慣做去便是。氏族社會中，祇有共產主義的家庭，旣沒有特別的窮人，也沒有特別的富人；至於老人病人以及因戰爭而殘廢的人，氏族對之皆有一定的義務。氏族中，人人都是平等自由的，並沒有男女的區別。在以上所述伊洛葛各氏族中，除降服外族的通例外，其中還沒有奴隸地位的存在。當一六五一年，伊洛葛人打敗愛利亞人（Eries）時，他們卽向愛利亞人提議以平等權利加入他們的聯盟；不過因愛利亞人拒絕這種提議，他們才把愛利亞人驅逐出境。

這樣可嘉的氏族社會，與我們今日階級懸殊，貧富不均，法令森嚴，強權可畏的文明社會顯然不同。然而這不過是許多方面的一方面；在社會進化的歷程上，我們不要忘記這樣的氏族社會是必然滅亡的。氏族社會充其量只能發達到種族——再也不能向前進了。各種族間的聯盟，——如伊洛葛五族聯盟，——已經是氏族社會盛極而衰的起點。按照氏族社會的根本法則，凡在種族以外的人，亦卽在權利以外。這樣的法則，只在各種族孤立而不相接觸的時候爲適用。若一旦與外族接觸，則種族與種族之間勢必發生戰爭；戰爭的結果—或是完全降服異族，或是有條件的媾和；在拓土開疆的時候—卽生產發展的時候，勢不宜將降服的異族完全處死，也不能將（凡在種族以外亦卽在權利以外）的原則訂在和約上面。然則到了這樣的時候，氏族的門戶是不能不洞開以容納異族了。氏族社會發展到洞開門戶以容納異族的時候，也便是氏族組織開始破壞的時候。

氏族社會之所以成立及其繁盛，是與原始時代極初步的生產，和擴張到了廣大地盤之上的稍強盛的生產有密切關系的。以上所述北美伊洛葛的情形就是明證。原始時代的人們，幾乎完全是服從他們所不瞭解的外部自然界的。這樣莫可瞭解的外部自然界反映於他們的腦中，便形成他們幼稚的宗教思想。種族是團結人們的圈子，又是對付外族的團體。種族與種族的界限是很嚴明的，種族，氏族，以及他們各種組織都是神聖不可侵犯的。這些組織由自然給他們建立一種最高的權威—卽族制的權威：每個人在他的感情思想行爲之中，都要無保留的絕對服從這種最高的權威而住居於種族或氏族的界限，生於斯，食於斯，共同勞動於是以終其天年。這個時代的人們，在我們看來，都是一樣尊嚴的，彼此之間很少不同的差別；正如馬克斯所說，她們都是一樣的繫住在原始共產社會的凹線之下。這是誰給他們繫住的？也是自然給他們繫住的。所以這樣的原始共產社會是必然要打破的。結果，果然把她打破了。這是些什麽勢力把她打破的呢？不用說是由私有財產的勢力，以及一些貪慾，利己心，盜刼，掠奪，強暴，盤剝，嚇詐，高壓……的可恥方法把她打破的。由此古樸純良而無階級的氏族社會從高坍台而葬於海底，階級鮮明的新社會遂或遲或早遍湧於全球各大陸之上；而幾千年以迄於今日的文明社會，總括一句，不外是最少數人損害最大多數人之偏畸不平的發展能了。

第二章　希臘人之氏族

希臘人，也如伯拉斯基人（Pelaiges希臘最初之土人）及其他同類的民族一樣，在有史以前的時代都建立過與美洲印第安人相類似的氏族，宗族，種族，和各種族聯盟的一列組織。在印第安人中，宗族可以缺，在多利安人中宗族也可以缺；種族的聯合不是到處都必須形成，但氏族的單位是在一切情形中都要形成的，這也無間於希臘人與印第安人，兩者都是一樣的。在初入有史時代的希臘人，他們卽已發見在文明的門限上面；他們與以上各章所說的美洲各種族之間，殆展開為進化的兩大時期，英雄時代的希臘業已走在伊洛葛的前面。並是希臘的氏族，再也不像伊洛葛氏族一樣的古老；羣婚的痕跡，在希臘也開始大大的塗抹；母系家族業已代以父系家族，因而最近起源的私產也在希臘氏族組織裏面開了第一個破口；當相續財富的命運隨着父系制的採用轉變過來之後，自然接着第一個破口又開了第二個破口。從前婚姻的習慣，氏族內不得結婚，丈夫必須是別個氏族的人；到了初入文明的希臘人，便把這種氏族的根本法完全推翻，他們不僅允許，而且有時為保持氏族（父系氏族）財產計，竟命令少年女子在氏族裏面結婚。

照格洛特（Grote 英歷史家，一七九四——一八七一）著的希臘史，雅典人的氏族特別維持下列團結的狀態：

（1）——有些共同的宗教的祭祀；並許司祭長老以神名為氏族祖先的冒稱之特權。

（2）——有些共同的墓地。

（3）——相互的相續權。

（4）——被侵犯時，有援助，救濟，保護的相互義務。

（5）——在某幾種情形中，氏族內部有通婚的相互權利與義務，特別行之於女相續人或孤女。

（6）——在很少某幾種情形中，具有共同的財產，連同一雅康與特別會計。

（7）——後裔從父權系屬。

（8）——除有女相續人的特別情形，氏族內部禁止通婚。

（9）——氏族有容收外人的權利；家庭也可容收外人，但須以公衆的儀式和例外的名義舉行之。

（10）——氏族有選舉與罷免會長的權利。每個氏族有一個雅康；但這種職位決不是在某幾個限定的家庭裏世襲的。

然而格洛特對於氏族的研究終歸失敗。因爲他把氏族看成幾個家庭的集團，所以對於氏族的性質和起源，完全不能理解。這樣失敗不僅是格洛特，尼博爾(Niebuhr)孟森(Mommsen)，及其他古典的古代史家莫不如此。在氏族組織之下，家庭絕不能爲一個組織的單位，因爲夫與妻必須屬於兩個不同的氏族。氏族包括在宗族中，宗族包括在種族中；而家庭則一半在夫的氏族，一半在妻的氏族。卽後來國家抬頭，公法裏面尙不承認家庭，殆到私法裏面才承認家庭的存在。然而前此一切歷史家的著作，都把下列荒謬的原則當作神聖的原則：卽他們把稍微老的文明的一夫一妻家庭，當作是社會與國家徐徐圍着而結晶的中心。這樣的謬說，在十八世紀特甚。

所以馬克斯說：我們可使格洛特注意：『卽令希臘人從神話中產出他們的氏族，這些氏族決不會絲毫老於出他們自己造作的神與半神的神話。』

格洛特更進一層說，雅典每個氏族都有一個所從出的假定的遠祖之名稱；在梭倫前後，死者沒有遺囑時，財產遺於氏族人員；親族間出了兇殺案時，被犧牲者的氏族人員與宗族人員都有向法庭告發的權利與義務。格洛特並說，雅典各種最古的法律都是建立在氏族與宗族的區分上面。

宗族，如在美洲印第安人中，一個母氏族分出幾個女氏族後，他便成爲這幾個女氏族的連鎖，並且她尙往往從一個遠祖誕生一切後裔。照格洛特的記載也是一樣的，『當時赫加德(Hecatee

紀元前六世紀，希臘歷史家）宗族的全體人員是奉一個神爲他們第十六級的祖先。」然則這個宗族的各氏族，在文字上也是一些姊妹氏族。

希臘人的宗族，在荷馬時代還現出爲軍事單位的面貌。在尼斯鐸（Nestor英雄之一）勸告亞格棉農的著名故事中，還說軍隊要以種族與宗教爲編製，使宗族援救宗族，種族能援救種族。此外，宗族有懲罰戕害其宗族人員的兇手之權利與義務；有時宗族還有復仇的義務。宗族有些共同的神廟與祭祀。宗族有一宗族長（Phratriarchos）和宗族會議，會議有司法行政及號令之權。後來國家成立，還任宗族執行某幾種公衆職務。

幾個親近的宗族集合起來，便成爲種族。在阿替喀（Attigue），有四個種族，每個種族有三個宗族，每個宗族有三十個氏族。至於四個種族怎樣（何時？何故？）自然的成立有系統有意識的類似團體這是希臘歷史所不能解答的，只有希臘人自己在英雄時代才保留一點過去的記憶能了。

聚集在狹小領域上面的希臘人，他們語言的變化，比較的不如散布在廣大森林中之美洲人一樣發達。我們在希臘祇能發現同語源的各種族。其團結的人數非常衆多；卽使在小小的阿替喀能發見一種特別的方言，然特別的方言後來又成爲散文的普通語。

在荷馬的一些詩歌裏面，我們已發見希臘各種族大概都是集合一些小羣成立的，然而在這些集合中，氏族，宗族，與種族都還完全保持各自的獨立。這些小羣已經生活於設了城墻的城市裏面；人口的數字是隨着畜羣農業以發端的手工業之擴張而擴張的。同時，財富的差異，與由這差異而產生的貴族政治的要素，也隨着在原始的民主政治內部擴張起來。而各自獨立的小民族之間，爲佔領好地盤和獲得戰利品的驅使，常常發生不停的戰爭；於是以戰俘爲奴隸的事業，遂成爲公認的制度。

此時各種族和各小氏族的組織，大概如下：

（1）永久權力機關的議會（Boule）。原始大約是由各氏族首長組織的；後來各氏族的人數過多不得不用選舉方法，由此便給貴族政治的要素以發展和強固的機會。據狄尼斯（Denys 與古斯都時希臘歷史家）的記載，希臘英雄時代這種會議，顯然是代表貴族們（Kratistoi）的組織。議會爲各種重大事務的最後決定機關。隨着國家的建立，這種議會後來遂變成爲元老院。

（2）人民會議（AgOra）。在伊洛葛人中，我們已發見一些男男女女的人民包圍着他們的會議中發言，而影響於各種問題的取决。在荷馬時代的希臘人，『陪席者』（古代日耳曼裁判所的用語）業已成爲人民的普通會議；就是在原始時代的日耳曼人中也是同樣的情形。人民會議由議會召集，决定各種重要事務；每個人都有發言權。一切議案由舉手表決，或喝采表決。人民會議爲最後的主權機關。蕭邁（Schoemann）在古希臘裏面說：『一樁事情要執行時，而人民要求參與執行，我們從未見過荷馬說要用什麼強制方法，違反人民的意思。』在這時代，種族的全體壯年男子都是戰士，還沒有什麼離開人民的公共權力可以強制人民。此時原始的民主政治尚未榮盛，並且應以她爲判正議會與軍事首領的權力及地位爲起點。

（3）軍事首領（Basileus）習慣爲君主臣僕的歐洲學者們，總是把希臘的『巴士留』譯成爲近代世襲君主的意義；摩爾根與馬克斯根據他們的研究，是極力反對這種觀念的。在伊洛葛人和其他印第安人中，最高職位的世襲意義，我們在前面卽已說明：一切職任都選舉的，大抵都在自己氏族裏面選舉，並且在自己氏族裏面世襲。如在空位時，則再舉同氏族最親近的人（如前任薩響的兄弟或姊妹的兒）繼任；在沒有避開以上親近人員的理由時，卽可順次選出。縱然希臘在父權勢力之下，巴士留的職位，照規矩要傳於其兒子或其兒子的某一個，然這只能證明其兒子有由人民選舉以繼任的或然性，決不能證明無須人民選舉卽有世襲的權利。這樣情形，在伊洛葛人和希臘人中，只能視爲氏族裏面已發生特殊貴族的最初萌芽；縱然此時希臘人的程度已高過伊洛葛，也只能視爲將來的元帥或君主的最初萌芽。所以在希臘人中，或然的事情只有這樣：巴士留或者是由人民選舉，或者是由人民公認的機關(議會或人民會議)任命，—而且他實際行事時可以如羅馬的王 (rex) 一樣。

在荷馬的伊利亞敍事詩中，人民領袖亞格棉農，並不像希臘最高帝王的態度，不過是一圍攻特羅雅城的聯軍司令。這個資格僅被叫做—幼黎斯 (Ulysse) 。當聯軍發生內訌時，希臘人有句名言：『許多司令同時指揮是不好的，應當歸一人發號令。』可見當時亞格棉農的權力，並不如帝王之大。幼黎斯關於軍事的計議，也沒有什麼政府形式的會議，不過由他要求人們服從戰時司令的號令。在特羅雅城前的希臘人，不過現出為一軍隊，一切事情都要很德謨克拉西的經過人民會議。當亞基利在軍中論戰利品的分配時，既不是由亞格棉農担任分配，也不是由別一個巴士留担任分配，但是由『亞根 (Acheens) 的兒子們』自己分配，—即人民自己分配。

各種軍事職務之外，巴士留還有些宗教的和裁判的職務。司法的職務是無定的；至於宗教的職務，則只有他為種族或各種族聯合的最高代表之資格。至於政治上管理上的職務怎樣，此時還沒發生這個問題。然而巴士留，按照他的職任還是議會之一員。所以把 Basileus 繙譯為 Koenig (英文 King 是從此字變的)，在語源上並不錯誤，因為 Koenig 是從Kuni，Kiimere 出來的，意義為氏族的族長。但古代希臘的巴士留與現今王字的意義絕不符合。都昔第士，還明白的稱古代 Basileus為 Patrike，就是指明巴士留是從氏族出來的；都昔第士還說，巴士留有些規定的權能，這更足以證明他的權能是有限的了。亞里士多德也說，巴士留是指揮自由人的司令，又兼裁判者和大司祭。然則他沒有如後世王者一樣的統治權的意義，是很顯明的。

由以上所述，我們一面可從英雄時代希臘的構造中看出氏族的舊組織還有些活氣，但別方面我們又可看出她的崩壞的發端：以男子相續爲附隨的父權制，足以促進個人家庭財產的積聚，并使家庭成爲與氏族對抗的勢力；貧富的差異反映到政治組織上面，便有世襲貴族與王族的萌芽之形成；奴隸，開始不過包含戰俘的全體，但漸漸在同種和同氏族的『自家人』之中也開了一個隸屬的遠景；往昔種族與種族的戰爭，業已變成爲組織的掠奪事業。在海上與陸面都以掠奪牲畜奴隸財寶爲目的，並且成爲正規財富的來源。簡括一句：財富已成爲狠尊重的東西而被人們視爲至寶；氏族的老組織要爲強搶來的財富贓品做辯護，便根本變壞了她的性質。

然而人們至此還缺少一種這樣的制度：這制度不僅要能擁護個人的新財富以反抗氏族共產制的遺傳，而且要使原來很被輕視的私有財產神聖化；不僅要使這神聖事業成爲人類社會的最高日的，而且要以一般社會的名義使次第發展之各種獲得財產的新形式爲法律所確認。換過說，這制度不僅要能永續社會階級的新分裂，而且要能永續有產階級掠奪無產級階和有產階級支配無產階級的權利。果然這制度不久便來了；人們遂創立了國家。

第三章　雅典之國家

國家是怎樣發展的呢？當氏族的各機關一部分變了形態；一部分由一些新的機關僭奪其地位；而最後則完全代以國家的各種官廳。從前氏族宗族與種族用以自衛的眞正『人民武裝』，至此代以國家一切行政機關使用的武裝『強權』，復次便用以對付人民。我們論證這種進化的初步，最好莫如古代的雅典。關於形態上種種變化的要點，是由摩爾根陳述的；至於產生這些變化的各種經濟情形，大部分是由恩格斯補足的。

英雄時代，雅典人的四個種族尚住在幾個隔離的地方；搆成四個種族的十二宗族，也還住在西克魯伯斯（Cecrops）的十二個城市裏面，好似各保其特殊的古蹟。此時政治組織即是英雄時代的組織：人民會議，議會，和巴士留。更追溯成文歷史的紀載，則土地業已瓜分，並且隨著相當發達的商品生產（在半開化高期的末日卽已相當的發達）和與之適應的商品交易，而轉變爲私有財產。各物以外，又能生產酒與油。所以愛琴海（Egen）的海上貿易，漸漸推翻了腓尼基人（Pheniciens）的霸權而大部分落於阿替喀人之手。由不動產的買賣與農業手工業漸漸分工的結果，商業與航海業益發達，而氏族宗族與種族所屬人員亦忽然互趨於混淆。不但如此，因爲以上事勢所趨，各宗族與各種族的領地不得不改變舊規容收不屬於他們團體的住民或市民，復次又不得容收異種人於他們自己的住居以內。

在各宗族與各種族分離居住時，每個宗族和每個種族各自管理自己的事務，無須選代表到雅典議會和巴士留那裏去。雖然無論何人可居於不屬於他們的宗族或種族的地域上面，但也自然不能參與該地宗族或種族的管理與行政。

氏族組織的規律活動，在英雄時代卽已顯出失了均衡的破綻，而有補救之必要。由是雅典人便採用提西歐（Thesee）的政體。提西歐的第一種制度在變更各種族的獨立行政，而在雅典建立中央行政機關：前此各種族獨立自治的事務之一部份，至此宣布為公共事務幷屬於在雅典的總議會管轄。由此，雅典人比美洲印第安人更進一步：印第安人只有鄰近幾個種族簡單聯合的雛形，而雅典則已融合為單一的整個的民族。由此在種族與氏族的習慣法上，產生一種普通的人民權利。卽使是異種族的人，只要他有雅典市民資格，便得接收些一定的權利，和法律上的保護。然而這又是使氏族崩壞的第一步，因為這乃是容收阿替喀各種族以外和完全在雅典氏族組織以外的異種市民之第一步。

提西歐第二種制度是不計（也可說是打破）氏族宗族和種族的組織，區分人民為三個階級：貴族（Eupatrides），農人（Geamares）與工人（Denurges）。並且規定職官為貴族獨擅之特權。這是眞的：除貴族獨佔職官一點外，這種區分沒有什麼別的影響，因為牠還沒有建立各階級間別的法律上的差異。但是這種區分是有重大意義的，因為她已把一些默默發展的新要素提供於我們。這種區分所表示的氏族職官之占有（習慣於某幾個家族裏面），業已變為各『世族』的一種權利；由此各世族更與一些財富的勢力，於他們的氏族以外，開始聯合起來，——便成爲一個特權階級；而呱呱墮地的國家，便是專應這種要求產生的。至於農人與工人分工，也是競勝從前氏族或種族的區分之很有力的方法。卒至氏族與國家之間宣告不可調和的抵抗；國家形成的第一個功課便在打破氏族制度，把每個氏族的人員分成爲特權者與非特權者，並且把農業與手工業的勞動者也分成爲兩個新階級，使他們彼此對抗。

雅典以後的政治史，到梭倫時還不充分知道。巴士留的職位後來是廢止了，而代以從貴族中選舉的雅康(Archontes)爲國家的首領。到紀元前六百年的時候，貴族的權力漸漸增加到不堪支持的地步。其壓制一般人的自由之主要方法，是現銀與高利借貸。貴族們的主要住所爲雅典及其附近，因爲這便是海上貿易以及刦掠機會的所在地，由此可以無限的增加財富，集中一切現銀於他們的手裏。從此，現銀交易的流行，便酸化了舊社會的生存條件，——因爲他是建立在自然品的交換基礎上面。氏族組織與現銀交易是絕對不能兩立的；阿替喀小農的破產是與保護他們的氏族舊關係之解紐同時而起的。債權與抵押權(雅典人已發明抵押法)，既不是氏族所尊重的，也不是種族所尊重的。氏族既不知道現銀，也不知道貸借，更不知道現銀的債務。然而富豪的金力政治不停的擴張，便由她(金力政治)創造一種担保債權的新習慣法，使現銀所有的債權者對於負債者的小農之盤剝神聖化。由此阿替喀一切田原上面樹滿了抵押的標柱，在這些標柱上說明這些土地由誰某抵押於誰某，抵押的銀及利率爲若干。就是一部分未指定爲担保品的耕地，因爲不能償付本利也只得賣與債權者而成爲高利貸的貴族之財產。農人若得保持下列情形，尙欣然自以爲幸：卽土地賣了之後，若被允許以佃戶資格仍得留居於故地，靠着自己的勞力過收穫物六分之一的生活，而將六分之五當作地租，繳納於他的新主人。更進一層說：當賣出土地的結果不夠償債務時，或債務積纍至沒有抵當物的保障時，債務者便應把他的兒子賣與外人爲奴隸（多半是賣與債權者爲奴），以償淸他的債權者。——父親可以賣兒子，這便是父權與一夫一妻制的第一個結果——雖然如此，然而吸血鬼還沒有滿足呢。復次，債務者便應把自己賣爲奴隸。這樣——便是雅典民族文明初啓的曙光！

在過去人民的生存條件還適合於氏族組織的時代，以上一類的變化是沒有發生之可能的，以上一類變化之所以發生，現在已無須怎樣辨明了。暫時我們又可囘復到伊洛葛人裏面來。在伊洛葛人中，欲以强迫施之於雅典人的狀態，去施於伊洛葛人——不得他們的協力或不顧他們的同意而施於他們，這簡直是想像不到的事體。無論年歲的好歹，他們總是年年歲歲以同樣的方法去產必要的生活資料，決不能發生以上一類外部壓來的衝突，也決不能發生貧富間以及掠奪者與被掠奪者間的任何抵抗。縱然伊洛葛人隔征服自然的程度尙遠，然在加於他們的自然限度以內，他們得爲自己生產的主人。旣使他們小園圃的收穫惡劣，山林川澤的禽魚竭盡，然其結果只足以使他們從新發明些生存方法。以這樣的結果來維持他們的生活，多少是比較豐裕的；並且決不致因此掀起社會意外的大變革，撕破氏族的關係，把氏族和種族的人員分裂爲互相爭鬥的對抗階級。生產固然還是在極狹隘的界限中進行，然生產者還是他們自己生產物的支配者。

至如希臘人裏面，完全不同，由畜羣與奢侈品變爲私產的進步，以致發生個人間的交易，並把生產品變成爲商品。這樣的變化，便是以後一切革命的種子。一到生產者的本身不直接消費他們的生產品，且把他們的生產拿來做交換，他們對於自己的生產品便失掉了主人資格。而生產品換出不到幾日，人家又有拿來盤剝和壓迫原來生產者之可能，這樣猝然而來的事情更是他們所不了解的。所以沒有那個社會在開始不逃脫個人間的交易，而還能以固定的方法支配自己的生產品，或在生產過程上還能維持其對於社會作用的管轄。

但在雅典人，一到生產品轉變爲商品和個人間的交易開始，他們便知道用怎樣的速度使生產品支配生產者。而爲個人自己計算的土地耕種，也隨着商品生產而出面，並且不久便成立土地的個人財產。後來現銀出世，他便變爲可與一切商品交換的共通商品；然而當他們（指雅典人）發明貨幣時，誰能夢想到他們又因此創造了一種惟一普遍的新勢力，這惟一普遍的新勢力可使全社會降伏在她的威權下面。並且這種新勢力是從創造者的自身忽然湧現出來的，縱然他們的暴性還是在少年時代，然已足夠使雅典人感受其威力了。

然則在這中間怎樣做呢？氏族組織業已自行證明無力抵抗所向無敵的現銀勢力之進攻；並且在她的範圍內絕對不能尋出她對於—現銀的交涉，債權者與債務者的關係，以及用勢力收回欠債等行為—有絲毫的地位。但是新社會勢力業已存在那裏；而人們並無熱烈的希望和意願想把現銀與高利驅出社會而回復到舊時的善境。

此外又有一列次要的罅隙，接二連三在氏族組織上面開了些破孔。

在阿替喀全境各氏族和各宗族的人員之混合（雅典市的本身更為混淆），一代盛似一代；從這時候起，一個雅典人有權把土地賣出他的氏族以外，而且住宅也不拘了。

生產上各派的分工有農業和手工業，而在手工業中又有無數的細別，如商業航海等等。以上的分工隨着產業和交通的進步愈益發達，由此人民遂按照其職業而區分為各種很固定的團體。這些團體的每一個，都有其共同的新利害；而這些共同的新利害在氏族和宗族裏面沒有存在的餘地，所以必須設立些新職員以擁護他們的利益。這樣一來，氏族的地位又不知削弱了多少。

這個時代，奴隸數目的重大增加，已經超過雅典自由人的數目非常之遠。然而氏族組織原來不知奴隸制為何物，所以也不知用什麼方法制馭這般不自由的氏族羣衆於羈軛下面。

最後，由商業招徠的一羣外種人，只要他們在雅典能賺得現銀，則定居於雅典也極容易。不過這樣的事情，顯然與舊制度相抵觸：所以縱然有因襲上的默許，然他們在人民間依然是一種由舊制度剝奪各種權利與保護的外來分子。

總括一句：氏族的組織業已到了她的末日。新社會日益生長，舊氏族日被排出。眼前發生的各種害惡，氏族既不能阻止，又不能消除。由分工（開始為城市與鄉村間的分工，復次為城市各派產業間的分工）建立的一些新團體，不僅創設一些以保護他們利益為目的的新機關，而且創設各種各類的新職員。

復次，少年國家的第一種需要，是需要一種自己的武力。這種武力，在航海業雅典人，最初不過是用以保護商船，對付各種小小戰爭的海軍力，在梭倫以前的不確定時代，雅典人按照十二個種族劃分一些小領土區域，叫做諾克拉利（Naucrarios）。每個『諾克拉利』應供給一個備具全副武裝（水兵，軍需等等）的戰船，和兩個騎兵。這個制度給氏族組織以兩重打擊：第一，她自己創立一種再也不與全體武裝人民相混合的公共勢力（force publique）；第二，她初次在政務裏面區分人民，便不按照血族團體而按照居住地域(L'babition locale）。這種區分具有什麼意義，以後還要詳說。

氏族組織既不幫助被掠奪的人民，於是只替他留一綫的希望。梭倫的立法，似乎是國家幫助被掠奪人民的事實；但實際上不過是犧牲舊組織，把國家從新鞏固起來。然而在梭倫手中要算開一列所謂政治革命的先例，並且第一次侵害了財產權。原來前此一切革命都是擁護一類財產侵害別類財產的革命；各種革命要擁護這一類的財產自然不能不侵害別一類的財產。法蘭西大革命是犧牲封建的財產來救濟資產階級財產的；梭倫的革命是損債權者的財產以益債務者的財產的。照梭倫的改革，一切債權簡直等於宣告無效。雖其改革案的詳細，我們不得精密的知悉，但梭倫在他的詩中自誇業已把負有債務的田原上一切抵押標柱推翻，並且把那些因債務而自賣爲奴隸或逃走於外國的人們釋放歸國。以上所說的事情，惟有公然侵犯財產權力才能做到。實際上，各種各色的政治革命，從最初一次以至於最後一次，都是藉着沒收或強奪甲類的財產以保護乙類的財產的。所以從三千年以來，財產權惟靠侵犯財產權才得維持，這確是一種眞理。

梭倫的大改革，是在紀元前五四九年舉行的。第一步是改造新貨幣，質量比舊幣爲輕，以減貧民債務。其辦法約可分爲四點：（1）以上地爲抵押的債務得以新幣償還；（2）不得鬻奴償債；（3）禁止質身借債；（4）限定人民有田之數。

可見梭倫第一步的注意是防止雅典自由人墮於奴隸同等的地位，所以開始設立普通的預防方法，禁止人身爲質之債約，復次規定個人具有土地的最大限度，以限制貴族們對於農人土地的貪慾。最後他乃改變政治組織，其重要各點如下：

設立四百議員的人民會議，每個種族選舉一百個議員。種族雖然還是政治制度的基礎，但這不過是把古制度攝收於國家的新組織之中。梭倫按照不動產的收入，區分公民為四個階級：(1)收入五百米丁(Medinnes 雅典斗量之單位，一米丁等於法國52 litres)谷物者為第一階級；(2)收入三百米丁者為第二階級；(3)收入一百五十米丁者為第三階級；(4)不及百五十米丁或完全沒有者為第四階級。一切官職只有前面三個階級才能占有；而最高的官職(如雅康等)僅只第一階級有此特權；第四階級惟在人民會議裏面有發言權和投票權。但一切官職都由人民會議選舉；並且都要對人民會議負責任；一切法律也由人民會議訂立；而第四階級在人民會議中占多數。所以貴族的特權雖能在財富的特權形式中復興一部分，而最高的權力則為人民所保留。

改革案的別方面，又把四個階級組成為軍事組織的新基礎：第一階級與第二階級供給騎兵；第三階級供給步兵；第四階級為不着鎧甲的輕兵，或在海軍裏面服務。徵發或動員的時候，前三階級的人民以財產的等差供給軍食，幷自備軍器；只有備徵募的第四階級的人民有時或可得到軍需與軍餉的給與。

由此我們可以知道梭倫改革案的真性質，便是採用一種完全的新要素—私有財產—於政治組織裏面。國家公民的權利與義務，都是按照他們不動產的地位規定的。隨着有產階級的勢力陸續增加，舊的血族組織日益退處於無權而被驅逐，從此氏族又罹受一種新失敗。

梭倫制度最可注意的，便是極力保持希臘民族『自由人』的地位，給後世立了一個統治其他民族的廣大基礎。在梭倫改革後的八十年中，雅典社會漸次朝着這個方向進行，並且繼續發展到幾個世紀。一方面如梭倫以前一樣的集中土地和高利貸借，確是實行遏制了；但是別方面利賴奴隸勞動，商業手工業和美術業漸漸大規模的發達，而成爲生產上主要的分業。於是雅典人越發聰明了：便專以掠奪非雅典人的奴隸和賤民（Clientele）文明的方法來代替從前掠奪自家公民的野蠻方法。動產，貨幣，奴隸，和船舶益益加增，但是獲得的手段和目的却與從前有限的時期不相同：從前獲得不動產的手段是極簡單的，現在却比較的複雜了，並且各種財產都成爲一己的目的物。

由工商業新興的富者階級，一方面競勝了舊貴族；別方面又推翻了氏族組織殘留的最後根據。氏族，宗族和種族的人員一經散居於阿替喀全境，便完全混合而不可區別；由此氏族宗族和種族遂一概不適合於政體的組織。一羣一羣的雅典市民，從此再也不屬於任何氏族；外來的移民到很能得各種公民權利，而在舊的血族團體裏面的反乎沒有。故外來移民的數目日日增多，而氏族組織不得不日趨於死解。

在這個時代中，起了一些的黨爭：有所謂平原黨，代表貴族政體派；有所謂山岳黨，代表平民政體派；有所謂海岸黨，代表調和憲法派。貴族力謀恢復其特權，並且在某個時期，果然把他們的權力暫時恢復了。希臘遍地都是貴族專政。但是等到克立斯特尼（Clisthenes）的革命一起來

（紀元前五〇九年），貴族的地位遂確定的被推翻了；並且隨着這次革命，而氏族組織的最後殘留也打得粉碎。

克立斯特尼，改變梭倫的舊制：在他的新憲法中，完全沒有建立在氏族與宗族基礎上面的四個老種族的地位。他換了一副完全的新組織，這新組織係以按照公民住居地域爲分配的基礎。這樣以地域籍屬人民的新方法（舊氏族社會系以血族籍屬人民），本來在梭倫以前的十二『諾克拉制』裏面業已發端，現在不過更爲完全罷了。從此公民分配的決定再也不屬於血族團體，而專屬於居住的地域；也不屬於人民，但屬於人們所區劃的土地；一切居民不過在政治上成爲領土的單純附屬物罷了。

在橫的方面：克立斯特尼，區分阿梯喀全境爲一百個行政區域，叫做地米斯（Demotes）。每個地米斯爲一自治的行政單位。每個地米斯的公民（Demes）選舉一個首長和財政官，及三十個裁判官，辦理各種細微的訴訟事件。每個地米斯有一個特別的神社與保護神，或一個英雄，並由公民選舉一些祭司。每個地米斯的最高權屬於公民會議（L'assemble des demotes）。這恰好與摩爾根所指示的美洲地方自治團體的都市原型是一樣的。雅典初生的國家與近世完成到極點的國家，都是以同樣單位做出發點；所不同的，不過是程度高低問題罷了。

在縱的方面：克里斯特尼，綜合十個地米斯爲一個種族。不過這樣區分的種族與從前以血統爲區分的種族完全不同：所以現在只能稱爲地域的種族。地域的種族不僅是一個自治的政治團體，而且又是一個軍事的團體。每個種族選舉一個種族首領（Phylargne）；種族首領便是統率騎兵步兵以及種族領域內徵集的全體軍隊之司令。至於十個種族對於雅典國家的權利與義務，係：（一）每個種族選舉五十個議員於設在雅典的議會（梭倫定爲四百名額，現在改爲五百名額）；（二）每個種族供給五隻具有水兵與指揮的戰船；（三）每個種族從阿替喀接受一個英雄爲保護神，幷且以這英雄的名稱爲種族的名稱。

集合以上一切分子組成的雅典國家，是由十個種族舉出五百議員組成的議會統治的；而最終的決定則屬於每個雅典公民都可出席投票的人民會議；幷且各種行政事務和司法，分由幾個雅康與各種官吏掌理；從此雅典便沒有最高權力的執政官存在了。

克里斯特尼的新制度，既撤廢梭倫的四階級制，於是遂增加極多的保護民——一部份是外來的移民，一部份是解放的奴隸。由此氏族的各種機關都被逐出於一切公家事務之外而成爲廢物。但淵源於氏族時代的無形勢力，和因襲的見解與思想，還是依然存在；不過延綿到幾個世紀，才漸漸的完全消滅。從此以後只有國家的制度爲人們認識的對象了。

由此我們可以認識國家的本質，在於一種與民衆區別的公共勢力。在這個時候的雅典，不過是由人民直接供給海軍與國民軍。這些海陸軍不僅是用以外防敵人，而且是用以內防占人口最大多數的奴隸。只緣公民的對面有奴隸，所以需要這公共權力。公共權力，最初不過以警察的形式而存在，卽以強力監察奴隸的勞動或壓制奴隸而使之服從，所以警察制度是同國家一樣老的。十八世紀天眞爛漫的法蘭西人叫文明國家不用 Nations civilisees 的字眼，而用 nations polices，而 policer 在法文字典上早已訓爲『文明』的意義！雅典的國家和警察——徒步或騎馬的憲兵隊，殆是同時創設的。但這種憲兵隊是以奴隸組成的。雅典自由人對於警察的職業是很鄙視的，他們寧爲武裝的奴隸所逮捕，而不肯做這樣的賤事。可見已經在新的政治生活中的雅典人依然是從前氏族社會的舊思想；他們不知道沒有警察，國家是不能存在的。不過此時國家還很幼稚，並還沒有充分的道德權威使人尊重這種國家所視爲必要而氏族所目爲鄙賤的職業。

財富和工商業突然的發達，雅典國家怎樣適合於這些新的社會狀態，我們業已論證其大概。從此建立在各種社會制度和政治組織上面的階級對抗，遂移其地位於奴隸與自由人之間和被保護民與公民之間；而往日貴族與普通社會的衝突，至今不復存在。在最繁盛時代：雅典自由公民的總數爲九萬人（婦女與小孩包括在內，成年男子不過兩萬人之譜）；男女奴隸爲三十六萬五千人；被保護民（外來移民與釋放的奴隸）爲四萬五千人。平均每個成年的公民，至少有十八個奴隸和兩個以上的被保護民。這樣巨大數目的奴隸，多半是在工場裏面的監督秩序之下共同勞動，但是隨着工商業的發達，財富積集於少數人手裏，自由公民羣衆的貧窮又復顯露於世。此處只有兩條道路任這些貧窮的自由公民去選擇；或以自己的手工勞動與奴隸勞動去競爭；或做社會的寄生蟲。必然的結果，他們是選擇了後者而拋棄前者，因爲前者大家都視爲可羞的賤事，並且可希望的利益很少。由此寄生蟲漸漸形成爲廣大的羣衆，並且引導雅典國家於至完全破產。所以引導雅典至於破產，决不是民主政治，——如歐洲曲學阿世的學究先生所說一樣但，是驅逐自由公民迴避勞動的奴隸制度。

雅典國家的形成，是一般國家形成的典型：第一，雅典國家沒遭外部或內部的暴力干涉便自然完成了（如Pisistrate——山嶽黨首領，梭倫之姪，——在他的短期篡位中，並沒留一點痕跡）；第二，雅典國家是直接從氏族社會產生出來的，並且是以極完成的——民主共和的形態出現的；第三，我們由雅典國家的形成，可充分理解其各種重要的特性。

第四章　羅馬之氏族與國家

相傳羅馬最初是由一百個臘丁（Latines）氏族形成的種族建立的；不久既與較後移來的薩白種族（Sabiens）合併，這個種族也是一百個氏族；最後又由各種分子組成第三個種族，并且也是以一百個氏族爲單位。這種傳說，我們一見便完全知道除氏族以外絕沒有別的自然的源頭；并且氏族大抵不過是從繼續生存於故鄉的母氏族分出來的一個蜂窠。各種族的構成大都非異種族的分子，并且是模仿古種族的模型；古種族的形成是自然的而非人爲的，所以各種族的額面上也沒帶有他們人爲構成的烙印，所不能排除的，不過爲三個種族的各自核心（老種族的實在體）。介乎種族與氏族之間的爲宗族，宗族是由十個氏族組成的。羅馬人叫氏族爲肯多（Gente），叫宗族爲苛列（Curie）。三個種族合攏來，共有三十個苛列，和三百個肯多。

國家未產生前，氏族爲社會的單位。美洲印第安人的氏族是原始的形式；希臘人的氏族是很發展的形式；羅馬人的氏族也是很發展的形式。

羅馬氏族，在城市時代的初期，至少還保持下列的組織：

（1）一切氏族人員有相互的相續權；財產在氏族以內。父權在羅馬氏族中也如在希臘氏族中一樣的盛行，女系後裔排除於相續權外。照吾人所知道的最古的羅馬法—十二銅版律：第一位的相續人爲兒子；沒有兒子時，爲男系近親（如兄弟姊妹等）；沒有男系近親時，爲氏族人員。無論如何，財產不能出氏族。此處我們可看出由財富增加和一夫一妻制惹起的新法律規條已漸漸採用於氏族的慣中。相續權習，原來在氏族人員中是平等的；在上面所說的變化之初期，開始限制爲男系近親，最後爲兒子與男系後裔；而演進到十二銅版律的時候，自然更進一步，所以相續權的第一位爲兒子，而第二位爲男系近親。

（2）有一塊共同的墓地，叫做氏族墓（Gentilitins tumulus）。

（3）有各種共同的宗教祭祀。叫做氏族祭（Sacra gentilitia）。

（4）氏族內沒有結婚的義務。這種規律在羅馬從沒變爲成文法，但是一種永續的習慣。在羅馬無數的配偶中，沒有一對夫婦是同一氏族的名稱的。這種規律又由相續法證明了：女子結了婚，即喪失其男系近親的權利，她便應出氏族；無論她自身和她的兒子，都不能承繼她的父親與兄弟的財產，因爲她業已出嫁，在父的氏族裏面沒有一份相續的權利。這種規律的意義，便是立在女子不能與本氏族男子結婚的前提上面。

（5）土地共有。土地共有，始於原始時代種族土地的分配；但在各臘丁種族中，我們發見一部份土地歸種族所有，一部份土地歸氏族所有，即各家庭也有一部份土地。相傳個人土地的分配始於羅慕路（Romulus ，前七三五到前七一五年，羅馬的第一個王）。羅慕路的分配方法：係將土地劃分爲三大部份，三個種族各得一份；每個種族的那一份又各分成爲十份，十個宗族各得一份；每個宗族的土地又復細分於各家庭，每人所得地面爲兩久格拉 （Ingera 兩駕牛耕一日的樣子）。然而我們在後還是發見土地仍然在各氏族手裏。

（6）氏族人員有互相幫助互相救濟的義務。

（7）氏族名稱的權利。這種權利一直維持到帝政時代。釋放的奴隸，也許其取他從前生人氏族的名稱，但是不與他以氏族人員的權利。

(8)氏族裏面，有容收外人的權利。開始是容收於家族(如印第安人一樣)，這樣便自然牽連到氏族的容收。

(9)族長選舉與能免的權利雖然沒有書面的記載；然羅馬初期的王，祭司；及一切職官，都是由宗族選舉或指名的，可知氏族的族長(Principes)也是一樣的。縱令此時已規定要從氏族內一定的家族選出，然其必須經過氏族的選舉，乃是毫無疑義的。

以上九項，是羅馬氏族的特性。除掉父權一點外，與伊洛葛氏族的各種權利義務是很相像的；所以此處只須把這異點去掉，便要顯然透出伊洛葛人的面貌。

關於羅馬氏族的組織，一般著名的歷史學家常常陷於昏謬，此處不過舉孟森(德歷史家，一八一七—一九〇三年)為一個例證。孟森：『氏族的名稱，除奴隸外，家族的男女全體並包括被養者與門客，都是一樣給與的。種族(實際的，或虛構的)是從共同始祖產生出來的共同團體，祭祀埋葬與相續都是共同的，一切自由的個體—女子在內，都有屬於這共同團體的權利與義務。已婚女子的氏族名稱，到是發生困難。這種困難，只有使女子可與本氏族的人結婚，才能消滅。許久以來既已證明女子結婚於氏族外比結婚於氏族內多一層困難；在第六世紀，族外結婚還是一種特許的權利，須以報酬的名義行之……但在原始時代也有這樣一類族外婚姻，是女子出嫁於丈夫的種族。……這是絕對確實的，在古代的宗教婚姻中，卽已規定妻須完全屬於夫的共同團體而脫出她自己的團體。人人都知道已婚女子，對於她自己氏族的人員已喪失其能動的或被助的相續權利；但在反面，她又與她的夫，她的子，及她的夫與子的氏族人員之相續權相結合所以她又被她的夫收養了。幷且又入了他的氏族，她怎樣還能站在氏族以外呢？』

然則照孟森的推論，羅馬女子除許其在氏族內結婚外，便不能屬於原來的氏族；從而羅馬氏族是族內婚制而非族外婚制。這種意見與我們所知一切民族的經驗完全相反。孟森全般的推論，都是根據秦特里夫（Tite-Live 臘丁歷史家紀元前五九年至紀元後一九年）所記錄的一節故事。這節故事是說紀元前一八六年，羅馬元老院，對於一個寡婦——費西尼亞（Fecenia Hispalla），做了一個決議：任這個寡婦如她已故丈夫給她的遺囑權利，聽其自由處置或耗費其財產，幷任氏族外選舉一個後見人去結婚，且認這樣的結婚婦人既不算爲罪惡，也不算爲恥辱。

元老院允許費西尼亞(她是釋放的女奴)可以在氏族以外結婚，這是毫無疑義的；因爲在元老院未允許前，她的丈夫卽遺囑在他死後其妻有在氏族以外結婚的權利。但這是在什麼氏族以外呢？是在夫的氏族以外，還是在妻的氏族以外，或是在同姓夫妻的同一氏族以外呢？照孟森的肯定，羅馬女子應在氏族內結婚，幷且結婚後，她還在這氏族內。那末此處所指的氏族以外，一定是同姓夫妻的同一氏族以外了。由此便發生這樣的問題：羅馬氏族既是內婚制，在理，費西尼亞的丈夫之本身便沒有命其妻再嫁於氏族以外的權利；費西尼亞的丈夫若擅自破壞羅馬氏族內婚制得根本法而創此破天荒的遺囑，元老院對於這種違背宗法的遺囑不加以否決而反加以承認，決沒有這樣荒謬的法理。

後次，假設羅馬女子是同外氏族的男子結婚；結婚後，她仍然住在自己原來的氏族裏面。那末，照孟森所引費西尼亞的故事，她的外來的丈夫竟有權許其未亡人到氏族外去再婚，這簡直是一種不可思議的事體了。

最後，只有這樣一種設定才有成立之餘地：卽羅馬女子是與外氏族的男子結婚，幷且因結婚而出嫁到夫的氏族裏面去。這樣推論，才可把以上一切疑難立卽解釋。女子因結婚而嫁出她的老氏族幷且加入夫的氏族；她以結婚的關係（非以血統的關係）而成爲夫的氏族之一員。夫死了的時候，她自然有承繼夫的財產的權利。至於寡婦再嫁的問題，爲財產不出氏族計，自然以在夫的氏族中重婚爲最宜；因而後世歷史家便誤認爲氏族內婚制。寡婦再在同氏族中重婚，這在一定時期必然成爲普通的規律；然亦可以發生例外，卽夫臨死的時候，只以一部份財產遺與其妻，許她可以攜此出氏族而與外氏族的人重婚，這亦是很簡單很自然的事體，只須我們拋棄羅馬氏族內婚制的奇怪觀念，便可完全理解。因爲孟森所誤認的羅馬氏族內婚制，原來就是摩爾根所說的氏族外婚制。

氏族外婚的表詞（Enuptio gentis），不過在這節引用文中才發見，此外在羅馬全部文獻中都找不出這樣的字眼；外婚的表詞（Enubero）在泰特里夫的書中雖然發見三次，但並沒指明爲氏族的外婚。所以僅憑這節故事來證明羅馬女子只許在氏族內結婚，實是一種幻想。這種幻想是絕對不能成立的。因爲泰特里夫的話，或是僅限於說明女奴解放的特殊事件，而非說明一般處於自由地位的婦女；即使是說明一般自由地位的婦女，也不過是在反面證明一般婦女都是氏族以外的結婚，並由結婚而引渡於夫的氏族。所以從泰特里夫的話深究起來，乃是反對孟森而贊成摩爾根的。

羅馬建立後約三百年，氏族的結合還很強固。例如發賓人（Fabiens）的氏族（貴族的氏族），得到元老院的同意，獨力担任與隣近凡雅人（Veies）的城市戰爭；據說，全氏族三百零六人皆出陣赴戰，全體爲敵人的伏兵所殲沒；僅殘留一個少年男子繼承氏族的生命。

上面已經說過，十個氏族組成一個宗族，羅馬人叫做苛列；羅馬宗族所賦的各種公衆的職權，比較希臘的宗族更爲重要。每個苛列有些實際宗教，神殿，和特別的祭司；這些祭司的全體又組成一個祭司的團體。十個苛列組成一個種族，每個種族有一個首長，兼軍隊司令與大祭司的職務。三個種族總合起來，即組成爲羅馬民族（Populus romanus）。

羅馬民族既是三個種族形成的，那末，不是氏族，宗族和種族的人員決不能屬於羅馬民族，在最初一定是如此的。羅馬民族最初的政治組織大略如下。一切公衆事務最初是由元老院管理；元老院是由三百個氏族的首長組成的（德國歷史家尼博爾爲最初了解羅馬元老院組織的第一個人）；這些元老都是各氏族的長老，族人呼他們爲父老(Patres)；父老們的全體，最初組成爲長老會議(Conseil des anciens)，後來叫做元老院。每個氏族的父老漸漸習慣在同一家族中去選擇，由此種族中便造出一種最初的貴族；這樣的家族後來自行叫做世家(Patriciennes)，幷且要求有獨佔元老院和其他一切官職的特權。這樣的要求經過一些時日，得到人民的認可，遂變成爲眞正的權利。

羅馬的元老院(Senat)，等於雅典的議會(Boule)，許多事務歸他議决，極重要的事項如新立法等，尤其歸他預先審議，然後交由人民會議投票通過。人民會議，羅馬人叫做Comitia Curiata，實際上就是苛列會議，是由三十個苛列組織的，每個苛列有一表决權。一切法律的通過與否决，一切高級官吏的選舉，都由苛列會議取决。至於宣戰與媾和，前者屬於苛列會議，後者屬於元老院。此外，苛列會議又爲最高裁判機關，只有他能宣告羅馬公民的死刑。

最後，元老院和人民會議之傍，又設立所謂Rex；這個字義恰好等於希臘的Basileus，原先毫無孟森所想像的具有專制權威的『王』的意義，不過是氏族長或種族長的稱呼。勒克斯(Rex)爲軍事首領，兼大祭司與裁判長。勒克斯於軍事首領的懲戒權和裁判長的判决執行權以外，對於公民生命財產和自由，是沒有什麼權利的。勒克斯的職位不是世襲的；大約是先經前任者的推薦，復次由苛列會議選舉，最後，由第二次會議舉行莊嚴的授職典禮。勒克斯不稱職或發現其他不良情形時，可以由人民會議罷免，如達克蘇貝勃（Tarquin Superbe），相傳羅馬建國後，行王政二百五十年，七王相傳，始於羅慕路，終於達克蘇貝勃）被逐，便是明證。

在羅馬有所謂王政時代，也同希臘有所謂英雄時代一樣，實際乃是一種建立在氏族宗族和種族基礎上面的軍事的民主政治，并且是直接從氏族宗族種族產生出來的。卽令各宗族與各種族不過成爲各種人爲的組織之一部份，然她們不曾仿照眞正自然的原型，做成由她們所產生幷且又包含她們全部份於其內的新社會。卽使血統貴族(Noblesse Potricienne)自然要占得地位，而勒克斯們自然要逐漸擴張其權能，然這也絕不能變更氏族政治組織原來的根本性質，不過與原來的根本性質有關係罷了。

在這個時代中，羅馬城市的人口，隨着征服領土的擴張而增加，一部份是外來的移民，一部份是歸服領域的居民。羅馬國家全般的新附民(關於門客問題此處丟開不說)都是生活於舊的氏族宗族和種族以外，所以也不能組成爲眞正的羅馬民族。(Populus romanns) 之一部份。他們在人格上都是自由人，只要納稅與服從軍役，便得購置田產。但是他們既不能就任何官職，也不能參與苛列會議，更不能分受國家征服的土地。由是這般被排除於一切公權以外的自由人，便形成爲平民（Plebe），平民的數目不停的增加，他們的教育與軍事智識亦不停的演進，於是他們對於深閉固拒的老羅馬人（Populus）便成爲一種威脅的勢力。加以後來老羅馬人與平民之間，土地的分配，似乎已成爲很均等的形勢，然而工商業（雖然還不很發達）的財富大部份屬於平民而不屬於老羅馬人，主賓之間，遂有相形見拙之勢。

羅馬上古的傳說史，完全隱藏於莫名其妙的大黑暗之中；這種黑暗，後來加以法學派和純理派各種各色的解釋而益甚。羅馬氏族的古制，果以什麼緣因而滅亡？以及關於這種革命的經過情形與時日，究竟是怎樣？從來不能有明確的判斷。這種歷史的大秘密，直到摩爾根和恩格斯才得到完全的解決。現在我們是容易明白了：羅馬氏族政治崩潰的主要原因，便是由於普列白（Plebe）與波彼流（Populus）的爭鬥。

要去掉這種大衝突，而使國家的基礎擴大鞏固，便不得不根本改變制度。於是到了勒克斯，——色維特呂（Serrius Tullius相傳爲羅馬第六王，紀元前五七八到五三四年）的時候，模仿希臘梭倫的改革，製定新憲法，創立新的人民會議，去掉波彼流與普列白的區別，把兩個階級的人民都包在人民會議裏面，其惟一的限制只看他們是否能服軍役。從前羅馬有騎兵六隊，只有固有的羅馬貴族才得加入；現在色維特呂變更前制，把全體能服軍役義務的男子，按照他們的財產，區分爲六個階級：有十萬亞斯（as 羅馬銅幣）者爲第一階級，須出步兵八十隊，騎兵十八隊；七萬五千亞斯者爲第二階級，須出步兵二十二隊；五萬亞斯者爲第三階級，須出步兵二十隊；二萬五千亞斯者爲第四階級，須出步兵二十二隊；一萬一千亞斯者爲第五階級，須出步兵三十隊；財產不及一萬一千者爲第六階級，叫做下等人民(Praletaires)，得免除軍役與納稅的義務，但在形式上亦出步兵一隊。總合攏來：騎兵十八隊，步兵一百七十五隊，合計爲一百九十三隊。每一隊爲一百個武裝的公民。由此，色維特呂更創立——百人隊會議(Comitia Centuriata)，把有財產的各階級公民都納於這個會議之中：每一隊在會議中有一投票權；全體票數爲一百九十三；一切案件只須九十七票便算爲多數通過；然而第一階級在會議中有九十八票 (因爲第一階級所出的步兵與騎兵，合計有九十八隊)。第一階級在會議中旣佔固定的多數地位，所以無論其餘各階級怎樣聯合一致，若不獲得第一階級的同意，是不能議決什麽事情的。

因爲百人隊會議的設立，於是從前苛列會議的一切政治權利都須移交於這個新會議。由此羅馬的苛列與肯多，也如雅典的宗族與氏族一樣，完全貶黜於無權，而變成爲私家的團體和宗教的團體，不過在長久的歲月中還苟延其形式上的殘喘；然苛列會議，不久便完全消滅了。不僅如此，羅馬國家又把三個血統的老種族完全破壞，而另外創立四個地域的種族；并且把城市分爲四區，令每個種族住一區，每一區賦與一些政治的權利。

所以羅馬在所謂王政廢除以前，舊社會秩序還是立在血統關係上面；現在這種舊制度完全打得粉碎，而讓其地位於建立在領土區劃和財產差別上面的國家之眞正組織。此處的公共權力，便在於服從軍役的公民所構成之武力的集團。這種武力的集團不僅是對付奴隸的，而且又是對付被排除於軍役與武裝以外之所謂下等人民(Prolitaires)的。

新政治組織成立不久，便把最後的勒克斯——達克蘇貝勃驅逐了，達克蘇貝勃確可算爲篡立王權的一個人。從此，所謂勒克斯在新組織裏面不復存在，而代以兩個職權平等的康桑耳(Consuls)，實際上就是兩個軍事首領(如伊洛葛的一樣)，不過使政治組織擴張一度罷了。以後羅馬共和政治的全部歷史，就是從這新組織內產生出來的。然而羅馬共和時代的歷史是同着貴族(Patriciens)與平民(Plebeiens)間的各種爭鬥開始的：最初是爭官職就任權，復次是爭國有土地的分配；而血統的貴族(noblesse Patricienne)卒致消滅於握有大動產與不動產的新階級之中。這個新階級不僅消滅血統的老貴族，而且次第吸收因軍役而破產的農人(羅馬制，兵士餉械概歸自備；一般農人有戰事則以身家田產爲質以貸於富人；積不能償，二者皆被沒收；而戰爭得來的土地又盡數分於新舊貴族，農人既失其舊，又不得新，只得爲奴。)之一切田產。這樣廣大的產業，新主人盡皆付於其奴隸去耕作，由此老的意大利民族的人口遂異常減少。這樣的新形勢不僅向以後的帝政時代開了門，而且向帝政之後繼者——半開化的日爾曼人開了門。

第五章　克爾特與日爾曼的氏族

克爾特(Celtes)各種族，包括：高盧(Galles)，不列顛，蘇格蘭，愛爾蘭，和皮克特(Picts)五種人在裏面。克爾特各種族的氏族制度，在其最古的法律中足以表現其充分的生氣。卽如愛爾蘭和蘇格蘭兩個種族，雖然被英格蘭強暴的破壞了，然氏族制度至少在人民的感情和本能中今日還有幾分殘存；并且在十八世紀中葉，蘇格蘭的氏族制度還極盛行，其後不過都爲英格蘭的武器，法律和裁判廳所消滅罷了。

至於高盧，在英格蘭未征服前數世紀的古法律，或至遲在十一世紀中的成文法，除掉往時普遍習俗的殘跡不論外，尙表示爲村落社會的共耕制；每個家族除五亞克(acres)的自耕地外，還有一塊共同耕種地，其收穫是分配的。這些村落社會就是由各氏族或各氏族的分支演成的。克爾特各種族在十一世紀中，一夫一妻制還沒完全奪掉對偶婚姻的地位。高盧人的婚姻，除開始七年不能離婚外，是很不固定的。在這七年中，只要是缺少三夜不同宿，夫婦便可離婚。離婚的財產的分配，夫取一份，妻取兩份。至於傢具的分配更須按照下列有趣的規則：如果要求離婚時的是夫，則嫁具應盡退與妻，夫至多只能留幾件；如果要求離婚的是妻，則嫁具的大部份歸於夫，妻只能得一小部份。小孩的分配，通例是夫取兩個，妻取一個年幼的。離婚以後，卽使女的已與別人重新結了婚過了門，她原先的丈夫要求要與她復合時，她例須承認其要求；由此夫婦兩人再過七年的共同生活，而無須舉行從前結婚的形式。未婚前女子的貞操問題，在他們既不十分注重，也不十分要求。妻若與別人通姦，夫有打她的權利，但除此以外，也不能有別的滿意的要求。夫的氣息若很惡臭，妻得據爲要求離婚的理由，由這樣理由而離婚，不要喪失她的絲毫權利。至於種族首領或王在一切婚姻中的初夜權(Jus primx noctis)，在法典中是佔很重要的地位；要免除這種實際，故在法典中已規定贖買的價格；這在後來便成爲中古隸農的結婚稅(Marcheta)。至於婦女在社會的地位，她們在人民會議中都有投票權。

愛爾蘭婦女的地位，同高盧婦女是相類的：暫時的對偶婚姻非常之普遍；男子若是娶了第二個婦人，而與第一個離異時，須得賠償她歷年在家庭中的服從；至於遺產的分配，也沒有合法兒子和私生兒子的區別。這樣的對偶婚姻，與盛行於北美的婚姻形式正相仿彿，在十一世紀愷撒所日見的羣婚生活還未絕跡的時候，更不足奇怪。

愛爾蘭的氏族制度，不僅見於陳古的法律中；實際上，到十七世紀英格蘭遣去的法曹，才把氏族的土地變成爲英王的產業。在此以前，愛爾蘭的土地還是氏族或種族的共同財產，并沒成爲族長的私產。一個氏族人員死了，或一個家族絕了，族長又將其全部土地重新分配於各家族。

日爾曼諸民族，在遷徙以前即已組成爲氏族，是沒有疑義的。他們不過在紀元前幾世紀才佔領多腦，萊因，威斯篤爾(Vistule在波蘭)和北海各流域；新伯里人(Cimbres)和條頓人(Teutons)

，在紀元前二世紀的時候，還在盛行遷徙中；而綏耳夫吞族(Sueves)亦到愷撒時才尋些一定的住居。

據達西德的記錄，有一節最足以證明日爾曼人的氏族制度。他說：日爾曼人看重他的外甥如同他自己的兒子一樣；在某幾種情形中，外甥與母舅的血脈關係，比較兒子與父親的關係還要更親密更神聖；所以敵人每每要求以他們姊妹的兒子為質，比較要求他們自己的兒子為更進一層的担保。日爾曼人若以自己的兒子為質，其後自己不遵守條約而犧牲其兒子，這不過是他自己的事；若是以其姊妹的兒子為質，因不遵守條約而犧牲其姊妹的兒子，這便侵犯了氏族最神聖的權利；所以氏族的近親在這少年質子還未被敵人處死以前，必百方設法保護：或是原先不把他交出來，或是事後完全遵守條約。由此可見達西德為此記載的時候，原始的母權氏族組織還是存在。不過到紀元前幾世紀，向東方與西方大遷徙之後，即已由原始的氏族社會漸漸入了村落社會。所以初移居於多腦河南方的血統社會的表示，叫做Genealogia，這個表詞的意義與『村落社會』差不多。而原來高峙民族(Gaths)與其他高部日爾曼民族定居後的社會組織——所謂Fara者，亦為村落社會之異名。據恩格斯的攷證，Fara為Faran的轉變；Faran的意義為『行』，或『旅行』。可見日爾曼各民族在大遷徙後，即已漸漸由氏族制度變為馬爾克(Mark)制度了。

在達西德時代(紀元後五五——一二〇年)，日爾曼民族的母權制方衰而父權制方興：父的財產由兒子承繼；沒有兒子，則由父方的伯叔或母方的舅爺承繼。容許母的兄弟可以承繼財產，可見父權之興還是達西德時代最近的事體。

母權恰好消滅之另一痕跡，是日爾曼人對于女性之尊重；在羅馬人看起來，幾乎不可理解了。與日爾曼人訂條約，最確實的質證，莫如貴族們的少年女子；若是他們的妻與女有沒爲捕擄或奴隷之恐怖，便可激起全體日爾曼人奮戰的勇氣；他們若在婦中發見什麼預言，便視之如神聖；卽在極嚴重的情形中，他們亦喜傾聽女子的意見。比如羅馬威斯巴(Vespasian)帝卽位（紀元六十九年）後，著名的西威理(Civilis)的大叛亂，卽以女巫威爾達(Velleda)爲日爾曼人和比利時人的首領，而搖動羅馬在高盧的一切統治權。婦女在家內的權威是很大的，她們無論老幼都從事於各種勞動。

如以上所說日爾曼人的婚姻形態，已爲近於一夫一妻的對偶婚；然而還不是嚴格的一夫一妻制，有勢力的人大都可以過多妻的生活。女子的貞操，通常都要嚴格的遵守，與克爾特人的習慣恰好相反。達西德在他記載中極力說明日爾曼人婚姻關係之固結性，只有其妻犯了通姦的事情才成爲離婚的理由。但是他的敘述中包含許多缺點，因爲他是帶着羅馬人的文明眼鏡去評判半開化的日爾曼人的。

這個時期的日爾曼人，由氏族制度產生一種『父之仇敵也應有遺產權』的義務，有這樣權利的仇敵或與他是親屬關係，或是友誼關係。因此日爾曼人在法律上便產生一種和解律（Wergeld），用賠償金來代替復仇。這樣的和解律在十八世紀還被人看做日爾曼人的特殊制度，其實這乃是一切經過氏族制度的民族調和復仇行爲的普遍形態。此外，達西德所述日爾曼人款待賓客之詳情，幾乎與摩爾根所述印第安人的情形是一樣的。

至於土地的分配，日爾曼民族也如其他各民族一樣，經過下列各階段：（一）最初是氏族共有；（二）是分配於共產的血族團體；（三）是定期分配於個人的家族。愷撒與達西德的記載，同是日爾曼民族的重要史料；然愷撒所目擊的土地分配情形是第二個階段，而達西德所目擊的土地分配情形是第三個階段。故前此關於達氏記載的解釋紛爭極烈，現在則已完全不成問題，因爲達氏的記載後於愷撒一百五十年，在這一百五十年中日爾曼民族的經濟生活由村落集產時代剛剛演進到土地私有時代的發端，這是毫不足奇的。達氏的記載中也說：『他們的耕地是每年交換的，此外也還充分保留一些共有土地。』這種農地分配情形恰好適合於當時日爾曼人的氏族組織。

在愷撒時代（紀元前一〇一——四四年），大部份日爾曼人恰好得着定居，並且尙有一部份還在尋覓之中。在達西德時代（紀元後五五——一二〇年），日爾曼各民族定居已亘百年，而獲得生活資料的生產方法也隨着進步。此時他們所住的是丸木小屋；所穿的是粗野的羊毛或獸皮外套，女子與貴人的下衣也還是麻的，大都還未擺脫原始野蠻時代的風味；他們的食物有乳，肉，野菓，以及麥酒。他們的財富是家畜；但家畜的種數還很惡劣，比如牛體稺小而無角，馬也只有小馬而沒有大馬。貨幣，只有從羅馬輸入少額的羅馬貨幣，而不大使用。他們對於金銀既不知道加工製造，也不知道尊重可貴。鐵是很稀少的，仿彿只有萊因與多腦河流域各種族才有少量的輸入。他們模仿希臘臘丁的文字，不過用爲祕密的書寫或宗教的符術。把人做祭神的犧牲，還是他們通常的習慣。簡括一句；這個時代的日爾曼民族，恰好由半開化的中期過渡到半開化的高期。

在直接隣近羅馬的各日爾曼種族中，因爲羅馬製造品的易於輸入，反阻礙了他們自己五金業和織布業的發展。除了遠居於東北或波羅的海沿岸各種族以外，這類產業之不能自行發展，乃是全然無疑的。比方在謝勒威奇(Schleswig)湖畔發見的一些武器碎片——鐵長劍，戰甲，銀盔，等等，同着一些羅馬二世紀末的錢幣，以及日爾曼民族的五金製造品；這些日爾曼人的五金製造品。本來是模仿羅馬的，因爲技術不大完成，遂呈出一種特殊的模樣。後來半開化的日爾曼民族一經移入文明的羅馬帝國，便到處把他們自己的固有產業終止了；只有英格蘭一處爲例外。

最後，我們又可研究其適應於半開化高期的政治組織：據達西德的記載，處處都有首長(Principes)會議和人民會議存在。最重要的事件歸人民會議議決；次要的事件由首長會議決定。在半開化初期，人民會議只有氏族有之，種族或種族的聯合還不能有此組織。首長之外又設有軍事司令（Duces）首長與軍事司令很不相同，完全同伊洛葛的情形一樣。首長們的生活之一部份還是與其他氏族人員是一樣，所不同的不過以家畜穀物等爲其榮譽的贈與；他們也如印第安人的薩響一樣，是在同一家族中選舉的。後來變遷到父權制，遂同希臘羅馬一樣，漸漸成爲世襲的選舉地位，而各氏族中也就因此形成一種貴族。這類上古的貴族，叫做血統的貴族（Noblesse de tribu），其大部份都消滅於遷徙之中，或遷徙以後。至於軍事司令的選舉，則不問其來歷如何，而只問其能力。各軍事司令的權力很小，並且一切行動均須遵守先例。而眞正的權力乃屬於人民會議；種族長或王爲人民會議的主席，一切由人民決定：否決的時候，大衆喧囂表示；贊成的時候，大衆的喝采聲與武器聲一齊喧叫起來。

人民會議同時又是裁判廳，訴訟的判決在此，死刑的宣告也在此。各氏族及氏族以下各團體，皆於一個首長的主席之下爲集合性的裁判；事實上，主席的首長不過是辯論上和問訊上的指揮者。在日爾曼各氏族中，一切原始的裁判所莫不帶有氏族社會的集合性。

日爾曼各種族間的聯合，自從愷撒時代以來卽已形成，當時在某幾個種族之間，已經有後世史家所謂『王』者存在；最高軍事首領漸帶獨裁的意味，有時也竟達其目的，如希臘羅馬的故事一樣。然而這些幸運的纂奪者並沒有絕對的權威，不過初由他們開始打破氏族組織的約束能了。

例如解放的奴隸因爲他們不能屬於氏族所以居於下級的地位；然而新王身邊所寵愛的奴隸常常容易躋登富貴尊榮的階級。這樣的事情，在那些軍事首領征服羅馬帝國而成爲各大國之王以後，尤其盛行。比方在佛蘭克，奴隸與解放的奴隸，最初在宮庭中佔重要的地位，復次在國政裏面佔重要的地位；大部份的新貴族，便是從他們中產生的。

這樣隨着軍事組織而來的政治組織，自然容易助成王政之出現。在美洲印第安人中，我們已知道在其氏族制度之傍，怎樣因戰爭的計算而創立些特別的組織。這樣的特別組織在印第安人中不過是暫時的；而在日爾曼人中則已取得永久性質的地位。此時日爾曼的軍事領袖，業已成爲赫赫奪人的大頭領，由他集合一些貪得戰利品的少年於麾下：這些少年對於他須負人格的忠誠之義務；而他對於這些少年也須留意於怎樣滿足其掠奪慾望，以及怎樣盡其撫循士卒之能事；並且把他們分劃爲若干等級的組織。比方若是小出征，則頭領之傍有護衞團之組織；若是大出征，則又有高級將校團之組織。征戰的目的，完全在掠奪；也只有繼續不停的掠奪，才能維持日爾曼氏族團結的狀態。這樣掠奪的戰爭事業發達到恰當程度，一面破壞從前氏族制度的自由，一面促成最初的王政之出現。後來完全征服了羅馬帝國，王的扈從的人們，遂與羅馬宮廷的臣僕奴隸成爲將來貴族的組成要素。

總之：日爾曼各種族形成爲大民族的時代，與希臘所謂英雄時代羅馬所謂王政時代同一政治組織：(一)人民會議；(二)各氏族的首長會議；(三)漸謀獲得實際王權的軍事首領。這種政治組織比較她所從出的氏族組織自然更爲完全，並且爲半開化高期的政治組織之典型。氏族組織到了完成這種新組織的時候，社會情態已經超越原來的各種界限與秩序，最後遂把氏族完全推翻而代之以國家。

第六章　日爾曼國家之形成

日爾曼人是一人口非常衆多的民族。我們據愷撒的記載，便可估得各個民族人口的約略觀念：當時住在萊因河左岸的雨西伯特人（Usipoteres）和陶克特人（Teucteres）的人口約有十八萬頭（婦女與小孩在內）；然則每個民族的人口已近十萬頭左右，比伊洛葛全盛時期人口不足二萬頭的數字大了五倍。

當時日爾曼人散布的地域——到威斯都爾河（Vistule）止，約有五十萬平方基羅米突。每個種族的人口平均有十萬頭；每個種族所佔的土地平均有一萬平方基羅米突。準此計算，日爾曼人的總數在五百萬以上；而每平方基羅米突平均有十口人（即每一方哩有五百五十人）。這樣人口散布的數字，在現今看來已屬非常稀少，而在半開化民族的集團看來則是非常重大。到第一世紀初期，日爾曼人的總數恐怕至少也有六百萬。

日爾曼人定居以後，人口迅速的增加，工業也隨着進步。照謝勒威奇湖畔發見的土品中之羅馬錢幣看來，當時波羅的海沿岸業已發達，金屬工業和紡織工業；而開始以其剩餘品與羅馬帝國交易，這都是人口稠密的表徵。

這個時代的日爾曼人，更在萊因河多腦河和羅馬邊境的全線——自北海以至黑海，開始舉行總攻擊，這更是人口愈益增加，勢力愈益澎脹的直接左證。這個戰爭綿亙三百年之久。在這長期的戰爭中，高峙各族之主要的全種族皆向東南進攻，組成爲攻擊線之左翼；向萊因進攻的佛蘭克人(Francs)組成爲攻擊線之右翼；而以高部日爾曼人（Hante-Allemande)和多腦河上流的日爾曼人爲中堅。佛蘭克人征服不列顛(Bretagne)之後，到第五世紀末，虛弱無力的羅馬帝國對於日爾曼人的侵入遂完全洞開了門戶。然而這種『蠻族』怎樣能具這樣不可抵禦的勢力呢？據達西德的意見，他們的武力所以那樣強固，完全因爲是一種血族的組織。

希臘羅馬爲上古文明之搖床；然而至此業已老死而入了棺木。在羅馬世界的統治之下，從前各種各色的民族和語言的差別不復存在；古的親族團體及其最後遺留之地方的或民族的自治團體也烟消雲散。『羅馬公民』的性質不僅絕無若何民族性(Nationalite)之表現，而且只是表現其缺乏民族性。縱然各種新民族的要素到處存在，各州的臘丁語次第分化，而從前意大利高盧西班牙等獨立領地的自然界限還依然保留；然這些要素都不能結成爲新國民的勢力，在羅馬國家的大刀闊斧之下，其進化力抵抗力和創造力都不能存在。統括偌大領土和那樣衆多的民衆之唯一連帶，只有：羅馬國家。而羅馬國家便是這廣大民衆之最惡的仇敵和壓迫者。各州皆爲羅馬所破壞；而羅馬本身也同各州一樣——成爲一個州的都市：縱然有些特權，然却不是京城，不是皇帝或副皇的駐在所，因爲他們不是駐在君士坦丁堡，便駐在特來福(Treves)或米朗(Milan)。羅馬國家是一架巨大而錯雜的機關，專以掠奪其人民爲目的。各種各色的租稅，徭役和徵發，使大多數人民日益陷於貧困的苦海。自總督，稅吏以至兵士，所加於人民的壓迫，已達到不可支持的程度。羅馬國家以此贏得支配世界的統治權。羅馬國家的存在權，對內在維持秩序，對外在防禦半開化人。但他的秩序比沒有秩序還更惡劣；所謂防禦半開化人，在羅馬人民看來，無寧謂爲仰待半開化人之速來爲他們的救濟者。

社會狀態，也是同樣的絕望。自共和末年以來，羅馬的統治權完全建立在征服諸州的榨取之上，幷且是無顧慮的榨取。帝政建立後，不僅未取消這種榨取政策，反而使這種榨取政策規則化。帝政衰微，租稅賦役愈益苛斂，官吏對於人民愈益無恥的掠奪與壓迫。羅馬的統治階級絕不從事於工商業，他們所從事的始終不過高利借貸之一事。從前旺盛的商業，類皆覆滅於官吏的苛征之下；普遍的窮困，使商業，手工業和技藝莫不退步；由此人口減少，都市衰頹，農業也回復於極低度的狀況。這便是羅馬統治世界的最後結果。

農業爲上古最主要的生產。自共和末年以來，意大利全境差不多都成爲使用奴隸的大田莊制(Latifundia)，其所行的方法約有兩種：或將土地置爲牧場，只畜少數奴隸牧養家畜；或將土地置爲田莊，畜多數奴隸羣衆從事於大規模的園圃農作，其出產品一部份供地主奢侈，一部份販賣於各都市的市場。各都市既衰落，田莊產業遂隨着這種衰落與其地主之貧困而破產而滅亡；只有各大牧場還得維持或擴張。於是建立在奴隸勞働上面的大田莊制不能再產生贏利（縱然這制度爲當時大農業唯一可能之形態）；所以小農業又復成爲收支相抵的唯一形態。這樣一來，各大田莊次第分成許多小片段出租於一些世襲的佃農；每年的收穫，佃農所得不過六分之一，甚至僅得九分之一。佃農固着於土地，可以隨着一塊一塊的土地出賣；也可以說他們不是奴隸，然而他們也不是自由人。他們不能與自由女子結婚；他們相互間的婚姻並不被視爲完全有効的婚姻，不過看做奴隸間的單純的交媾。簡單一句，他們便是中世紀的農奴之前輩。

由此，上古奴隸制度的職分便到了他的終止時代。大農業和都市的工場裏面都沒有奴隸制度存在了，因爲既沒有消納其生產品的市場，又不能獲得贏利。帝國全盛時代的大生產，至此皆代以小農業和小工業；這樣小農業和小工業裏面都無須使用多數的奴隸。所以此時除富家的家庭奴隸以外，社會中再也尋不出奴隸的地位。然當此奴隸制臨終的時候，一切生產上的勞働依然被視爲奴隸的事業，羅馬的自由人皆不屑爲。所以正面是奴隸解放的數目增加，反面是佃農和自由的貧民的數目增加。收支不能相償，所以奴隸制度終爲消滅；然而生產上的勞働，在習俗的遺傳上又爲自由人所鄙視。於是羅馬世界陷於兩頭無出路：即奴隸的勞動在經濟上爲不可能；而自由人的勞動又爲道德風俗所不許。奴隸的勞動既不能再成爲社會生產的基礎，自由人的勞動又不許其成爲社會生產的基礎；所以唯一醫治這種狀況的方法，只有全般的革命。

佃農外，又有些自由的小農。爲防避官吏和高利貸借者計，他們只有托庇於強有力的（諸侯）保護之下。不僅個人知此，全社會皆然。所以第四世紀的皇帝對於這椿事情發布許多禁令。但是要用什麼代價去換這種保護呢？其條件便是農人將其土地奉獻於其保護者，其保護者便成爲大地主的封君，以過收益的生活。（到了第九和第十世紀，教會又極力模仿這方法，以擴張其勢力與財產）這又是農人由虎口轉入了狼口。紀元四七五年的時候，馬賽主教薩爾文（Salvianus）曾憤激的起來反對這種刧掠，他說羅馬官吏與封君的壓迫比半開化人殘酷得多，所以羅馬人多逃亡到半開化人所佔領的地方去。羅馬公民托庇於半開化人的統治之下决不如托庇於羅馬統治之下的危險。因窮困而賣子女爲奴婢，在當時幾成爲普遍的現象。

半開化的日爾曼人之侵入，可說是解脫羅馬人於他們自己的國家重壓之下的好機會。日爾曼人取去他們的土地三分之二：開始是照氏族制度分配；因爲征服者的人數比較爲少，所以不分配的土地非常之多，而以之爲各氏族的共同財產。在每個氏族的各家計團體之間，各有一份平均分配現耕地與牧場；最初是行定期分配法，後來這種習慣在羅馬各州裏面便喪失了，分配的土地皆成爲各家的私有財產，并可自由出賣。森林與牧場依然不分配，保留爲共同使用；耕地的分配方法，依古來的習慣由全體議決。許久以來，氏族已固着於村落，日爾曼人與羅馬人漸漸混合，因而團體的結合亦漸次喪失其家族的特性而帶地域的性質；故氏族遂溶合於馬爾克（Mar）的組合之中，而在馬爾克裏面也可時常發見原來親族結合的痕跡。所以氏族的組織，至少在法蘭西北部，英格蘭，德意志和斯干的那夫諸國（因爲諸國皆有馬爾克的組織）已不知不覺變成爲地域的組織，并且熔化於國家組織之中；然而組織氏族之原始的民主的性質還是保存。

氏族，種族，以及全民族中的血統關係，隨着征服事業的發展而解紐和衰頹；對於被征服者所建立的統治權是與氏族制度不能並存的。此處我們得見氏族與國家交替之大觀：日爾曼諸民族既成爲羅馬諸州之主人，然則怎樣組織其被征服的民族呢？既不能把多數的羅馬人包攝於日爾曼的氏族團體裏面，也不能以少數的日爾曼人去支配多數的羅馬人；羅馬的地方行政團體大部份在當初還是保持，所以要統治羅馬人至少要設立一個等於『羅馬國家』的機關來代替羅馬國家；這樣相等的機關，除了新建一個國家外，沒有別的辦法。所以氏族的代表者遂轉變爲國家的代表者，這種變化在各種事態的迫促之下是很迅速的。征服民族最直接的代表者是軍事首領；因爲征服地域對內的防護要求給軍事首領以強大的權力，由此軍事首領的軍權便變成爲王權了。

現在且講佛蘭克帝國。不獨羅馬帝國的廣大領土，爲了勝利的薩領族（Saliens），而且還有其他一切寬大無垠的土地，大的，小的，不屬於個人的集產村落——尤其是一切大森林地帶，都歸了他。最高軍事領袖變成爲王的時候，他所做的第一件事，就是把全民族的財產變爲王的所有，而隨他所好以賜給或讓與於他的扈從。這類扈從的人是原先的護兵和軍官，後來又加以宮庭中寵愛的奴隸與臣僕。最初是刦奪人民的土地恩賜于這類人；復次是採用貢納利益的形式，礪山帶河，食毛踐土，以之封建於這類人，實際不過又是從新損害人民以建立新貴族的基礎。

不但如此；到了這個時候，再也不要夢想用上古氏族的政制來統治這樣廣大的新王國了。族長會議，久已廢棄不能召集，後來遂永遠代之以王的侍臣會議；上古人民會議在形式上雖然還是維持，但她不過漸漸變爲新貴族與軍隊中各低級首領之簡單的集會。至於佛蘭克的自由農人，地主，以及平民羣衆由永續不停的戰爭與征服事業的破壞，莫不傾家蕩產，——特別是在沙立曼大帝(Chaslemagne)(七四二——八一四年)之下，——簡直與從前共和末期羅馬農人的破產狀况沒有兩樣。佛蘭克人民從前是全體具有武裝的：自從征服法蘭西後，因爲普通一般貧窮的結果，只有五分之一還能具有武裝；最後只能應王之募而成爲新貴族階級的奴隸軍隊。沙立曼大帝死後，內亂紛起，王權衰弱，諸侯遞相篡奪以圖繼承皇位；最後諾爾曼人(Normands)侵入，遂成功佛蘭克農人的完全破產。沙立曼死後五十年，佛蘭克帝國之不能抵禦諾爾曼人的蹂躪，也如四百年前羅馬帝國之不能抵禦半開化人的蹂躪是一樣。

此時的佛蘭克帝國，不特對外不能抵禦諾爾曼人的侵入，而且對內不能維持紊亂的社會秩序。佛蘭克的自由農人，降到從前羅馬佃農一樣的地位。戰爭和刦掠的橫禍無窮，而王權式微，保護能力非常薄弱，所以農人們不得不自置於封建貴族和教會權力的保護之下：但是這種保護的代價是很貴的。如高盧的農人，他們把自己的土地奉獻於上等的諸侯，他們再以種種繳納租稅的形式從諸侯手中領土地去耕作，這在事實上不過是換得些新的服役和負担罷了。他們一經降到這個附屬地位，便逐漸喪失其個人的自由；不到幾代，已經大部份成爲農奴。自由農人破產成功之速度，我們一考聖石門晋勒寺(Saint-Germain-des-Pres)的土地册便可想見：在沙立曼時，生活於這教會廣大的土地之上的有二千七百八十八戶，幾乎盡是佛蘭克人；其中二千零八十戶爲佃農；二百二十戶爲奴隷；三十五戶爲賤民；僅僅八戶爲自由的村民；然而這尙是在沙立曼時代！從前薩爾文士教對於封君憤激反對與咒駡的刦掠方法，現在又成爲教會對於農人所採用的普遍策術。農人奉獻其土地於教會，教會又坐過其收益的生活。這樣的情形，又要引起以後四百年新發展的起點。

但這樣的循環現象，歸究起來，不外兩事：第一，羅馬帝國臨終時的社會秩序和財產分配的狀況，恰好與當時農工業的生產程度相呼應，而爲必不可免之現象；第二，以後四百年中，生產狀況既無重大的進步也無重大的退步，所以重新採用從前的分配制度幷產生同樣的階級狀況，這也是必然而不可免的歷程。在羅馬帝國的後幾百年中，城市對於鄉村業已喪失其威權，幷且這種威權在日爾曼統治的幾百中年仍然莫能恢復。這也是因爲日爾曼人的統治仍然立基在農工業發達的低程度之上。這樣全般的情形是必然要產生強有力的大地主(諸侯)與附屬地位的小農的。從前羅馬使用奴隸的田莊制和新的徭役大耕耘之兩個方法都多少不能強加於這樣的社會。如沙立曼大帝所徵發之浩大的徭役，其所建立之各大都城，類皆不旋踵即消滅不留痕跡；只有各大教堂才得繼續存在。可見由他所浪費的廣大徭役只能用之於寺院等土木工程，而不能用之於生產事業。寺院是些建立在獨身主義上面的不規則的社會團體；實際，乃是封建制度必需具有的『不生產的勞動者』之惟一組織。

然在四百年中，却有幾種進步。上古的奴隸制度業已消滅；而鄙視勞動的自由貧民也久已湮沒無存。羅馬佃農和新農奴之間，有佛蘭克的自由小農存在。臨終的羅馬帝國之『無益的回顧與徒然的爭鬥』都已靜寂的死了，並且埋了。第九世紀的社會階級不形成於羅馬衰亡的文明死水之內，而形成於新文明分娩的痛苦之中。強有力的大地主和爲他們服役的農人之間的關係遂成爲以後新發展的起點。此外，這顯然很不生產的四百年中，却又產生了一個大莫與京的結果，——即產生了近代的各民族，爲西歐人類以後歷史的改造與重興之張本。質言之，即日爾曼各民族實復生了歐洲；所以在日爾曼民族時代，歐洲國家雖然解體，猶未至爲東方回教徒薩拉森人（Normanosarasin)所征服；不過收益與保護的事業已向封制度進化罷了。這樣的變化，再遲兩百年，隨着生產的增強而益發展，所以十字軍流血雖多，尙能支持而無大損害。這不是一種臨終的歐洲，忽然吸入一支生氣勃勃的日爾曼民族的新勢力，得以起死而回生，這不是一種不可思議的神秘嗎？日爾曼民族，不如一般歷史家之所說，是一種天生的神奇勢力嗎？其實，沒有什麼神奇，也沒有什麼不可思議。日爾曼各民族，在這個時代，不過爲具有充分發展活力的亞利安種族，並不是天生成他們爲復活歐洲的特殊民族；不過單純的因爲他們是半開化人而氏族政體尙有生氣，所以能具有那樣的活力以復活久爲希臘羅馬文明所腐化而垂斃的歐洲。

他們的能力，他們的勇氣，他們的自由精神，以及他們在各種公衆事務中之民主的本能，——一言括句，即羅馬人早已喪失的一切性格惟他們還是具有，所以惟他們能以羅馬世界的餘燼去組織他們的新國家，擴張他們的新民族。這不是因爲他們具有半開化高期的特性而爲氏族制度之結果嗎？

他們變化了上古一夫一妻制的形式，他們在家族中的權威很溫和，他們給婦女以很高的地位，其高爲上古世界之所未聞。這不因爲他們是半開化人，氏族的習慣和母權時代的遺風還存在嗎？

縱然轉入了封建國家的時代，至少他們在德意志，法蘭西，和英吉利三個主要的地方還保留一部份氏族制度於集產村落的形式(馬爾克)之下，并且使中世紀的農人有集中於各個地方團結其抵抗力之可能。所以中世紀的被壓迫階級既不同上古的奴隸一樣，也不同近代的無產階級一樣。這不因爲他們是半開化人，特別使用一種半開化的家族殖民制度嗎？

最重要的是在日爾曼人統治之下，發展一種溫和的隸屬制度（卽農奴制度），這種制度以前是使用於他們的本土，後來漸漸使用於羅馬帝國，以代替上古的奴隸制。這種溫和的隸屬制，無異是給農人以漸進的與團體的解放方法，而使之遠勝於上古的奴隸地位。因爲上古的奴隸制度，除個人偶然有立刻翻身或解放的惟一可能（如被主人寵愛的奴隸等）外，全體的奴隸階級是決沒有解放機會的（上古絕沒有叛亂勝利而取消奴隸制度的例）；然而中世紀的農奴制度却有漸漸向近全階級解放的希望之初步。這是什麼緣故呢？也是因爲日爾曼人是半開化人，他們還不須採用完全的奴隸制，所以既不用上古的奴隸制，也不用東方的家庭奴隸制。

總之，日爾曼人支持羅馬世界和統治羅馬世界的一切活力都是半開化人的活力；事實上，此時惟有半開化人才能使久爲死文明所壓迫所苦老的歐洲復返於少年。幷且他們是在半開化高期的大遷徙時代振拔起來的，恰好與上述羅馬世界的狀況適逢其會，疾風掃落葉，自然是極順利的。這便足以說明一切了。

第七章　由封建制到近世代議制的國家

封建制度是從平等中產生出來的等級權力組織(L'organisation hierarchique de l'antorite);今但卒由平等而演至於專制。歐洲的封建制度,與半開化的日爾曼人之入主歐洲有密切的關係;今欲明了這種制度之起源,必須再述日爾曼人的情形。

侵入西歐的各種日爾曼人,很與美洲發見時的各種伊洛葛人相類似,都是在半開化狀態中,幷且遷徙不定。據斯脫納博(Strabou希臘地理學家)說,定居於比利時和法蘭西東北部的蠻族還不知道農業,單靠獸肉和乳製品以過生活;這些危險的野蠻人兇惡如狼,他們自由出入於廣大的森林地帶中,人類雖多,只要添買些奢侈品及少許消費品便能在森林中過滿足的生活。斯脫納博又說高盧人的風俗也是一樣的。當愷撒入英吉利時,他看見不列顛人與高盧人同其風俗:他們不知耕土地,以獸皮遮身,吃的是獸肉和乳製品,他們怪藍色的身體可以駭退敵人,他們的兩性生活是兄弟間共妻的。

這些半開化人中,平等的精神盛行;習慣與風俗,處處保守一種獵夫與戰士的平等氣慨。當他們得到定居的時候,一部份人開始從事於初步的農業,一部份人依然從事於戰爭。有名的軍事首領不過在組織遠征隊時號召一些願意獲得戰利品與光榮的男子於他的指揮之下;在遠征時間中,人人都是要服從他的,如希臘人服從亞洛棉農一樣。但在食棹上及宴會席上,首領與戰士都是平列而坐,沒有什麼區別;遠征隊一歸村落,他們又都是獨立平等的,軍事首領便喪失遠征時的權威。

日爾曼人征服一塊地方，間或也如希伯來人之執行神命一樣，把那地方的居民盡行殺死；但通常總只刼掠城市，佔領他們所需要的土地而定居於鄉村，用他們自己的方法耕種土地，戰敗的居民仍許其在他們的法律與風俗之下過生活。土地是每個種族授一塊的；種族的土地又再行分配於住居各村落的各氏族。幾個村落由親族關係形成一個團體，叫做桑町(centene也有叫 huntari的，也有叫haradh的)；幾個桑町形成一個團體，叫做康脫(comte)；幾個康脫形成一個團體，叫做都克(Duche)。這就是公，候，伯，子，男幾等封爵之起點；如佛蘭克的茂洛維 (Merovingiens)王朝，就是與這種政治組織初相的啣接的。

凡不屬村落所有的土地，歸桑町處置；不屬桑町所有的土地，歸康脫處置；不屬康脫所有的土地，歸國家(Nation)處置。歸國家直接處置的土地通常是很廣大的。在瑞典發見的土地領有階段也是一樣的；每個村落有些共有土地；桑町與康脫有些更大的共有土地；最後是國家的極廣大的領域；雖國王宣布他有代表國家的資格，然土地還繼續叫做共有土地(Terres Communales)。在封建君主政治裏面雖然叫做王土(Terres de la Couronne)，然所有權也都屬於國家。

日爾曼人入了定居的農業生活和受了基督教的影響之後，縱然還有少數的種族固守原來的風俗，然多數已逐漸喪失其戰爭的習慣。如達西德所知道的日爾曼人類皆擺脫了從前半開化的粗野風俗，他們已成爲家居者和耕作者；不過如加特人（Cottes第三世紀組入佛蘭克聯邦）則還專門從事於戰爭。他們的戰線散布得很廣，四方八面都採取攻勢而站於極危險的地位；他們旣沒有房屋，也沒有土地，也不憂愁生活沒有來源。他們到處可以獲得糧食，所以到處有他們的足跡。於是別些種族的有名戰士，都由他們的宴會，獻物等與奮劑集合於他們的號召之下，而準備隨從他們做遠征的事業。由此加特族的戰士以及受了封地的軍事首領遂形成一種永久的軍事團體，對於那些專門從事農業勞動的種族，担任一種保衛的責任。

但一部份半開化人，甫脫戰袍而歸順於羅馬；而別部份半開化人又乘之而興。連續幾百年之中，半開化人不斷的蹂躪歐洲。羅馬帝國要防禦半開化人的侵入，乃募集歸順的半開化人，於邊界之上廣置屯田兵，給他們以土地穀子牲畜及現銀。這種利用半開化人以防禦半開化人的政策，當然不能不與他們以土地，委他們以國防的重責；但文明的藩籬便從此破決了。

當各方面的戰爭靜止的時候，半開化人已成爲家居的耕種者，并且復建他們前此所破壞的文明工程。然而又有一種大禍從新爆發：由戰爭派生的武裝強盜到處刼掠；慘殺與刼掠的恐怖在歐洲綿亙幾百年之久。

入寇歐洲的半開化人與已經定居於歐洲的半開化人之間現在直接發生衝突。繼續不停的內爭，使各半開化民族對外全無勢力，因爲種族與種族，村落與村落之間互相反對而成仇敵，自然對外沒有什麼力量。半開化人的內訌，很足以寬舒羅馬人亡國之懼，所以達西德說：『現在羅馬之命運，惟幸敵人之內訌。』

鄉村居民，因爲要防禦強盜刼掠慘殺的危險，乃於村落周圍建築堡寨以自衛。每個堡寨選舉一個担任警備的酋長，堡寨裏面的居民只要同屬於一個種族都是平等的。這種酋長就是後來帝王派遣的封君之萌芽；他最初的職務不過是租稅的收集者，人民會議裁判會議的主席，軍事的監督者，秩序的維持者。每個堡寨的最高權屬於長老會議和人民會議，酋長是要服從這兩個會議的權威的。在佛蘭克各種族的習慣，凡人民會議命令驅逐的外人而康脫的首領忘記執行，則須處罰兩百金錢，這種罰金恰好與殺人犯的賠償金額相等，可見原先的康脫並沒有特別權威。凡後來封君所有的權力，以前都屬於村落的全權會議，全村居民都要武裝赴會，否則處罰。這樣的村落具有一些殖民地和農奴。

日爾曼人一切職務的分工是以家庭做單位的：有專門紡織的家庭，有專門鑄鐵的家庭，有專門做魔術師和牧師的家庭，父傳於子，子傳於孫，一種職業與一個家庭成爲不可移易的關係；由此遂產生一些特別的種族。村落的首領（對外防禦敵人，對內維持秩序）開始是從全村居民中選舉，被選的首領既沒有什麼不同也沒有什麼特權。後來也漸漸從一個家族中選舉。比如在佛蘭克各種族裏面，便由茂洛維氏族專門供給軍事首領，和希伯來的牧師專門由列維（Levys）氏族供給一樣。而最後則成爲世襲的職位，連選舉的形式也不經過了。然首領的職務開始不僅沒有什麼特權，而且責任非常重大，地位非常危險，什麼責任都是歸他負着。比如在斯干的那夫各種族裏面，倘遇年成荒歉，便認爲神怒之表示，而歸罪於其王，有時甚至處以死刑。

村落的首領爲防守便利起見，所以應有極高大堅固的房屋，庶被攻擊時農人可以跑到這個房屋裏面來避難。這種戰略上的便利，最初是偶然的，後來成爲首領必須具有的條件。印度各村落的邊境，到處都有這種房屋以爲避難和觀察敵人之用。所以在一切封建時代，封君都有堅固高大的宮殿，四周建築堡壘，城牆戰壕，鐘樓和弔橋；正方形的大鐘樓裏面又要置一個大手磨，以爲農人避難時組織防務貯藏牲畜製造食糧之用。這種房屋或宮殿，名義上是首領的，危險時是共同的。所以在集產村落裏面，掘戰壕，築城牆，修宮殿等工程全村居民皆須擔負。這種習慣便是後來納稅，徵發，軍役和徭役的權利之起源。

日爾曼人，無論戰士與農夫，都要担負防衛本村落及首領房屋的責任；一聞命令，即須全體武裝集於首領的麾下以禦敵人，整日整夜駐守鐘樓以觀敵人動靜。後來有些農人爲不頓停農務免除這種軍事服役起見，乃繳納賦稅於其首領，使他專養一些武裝的軍人擔負防守的職務；各種犯罪的罰金之一部份也是特別用以維持其首領及軍士的。

在軍事上地位上正當要衝的村落，自自然然成爲周圍各村落的中心；當敵人來侵時，周圍各村落的居民必率其牲畜穀物以及各種動產跑到這個中心來避難；在這種時間中，他們必須繳納賦稅以維持一切軍事行動和軍士的生活；而這個中心的首領之權威必因此擴張於周圍各村落之上。由此自自然然發生封建制度的萌芽。這種萌芽，若沒有繼續不停的戰爭與征服事業的催促，集產村落的生活還可停滯幾百年之久（如印度村落社會）；否則各自獨立的村落必日起於合併，而這種萌芽必日滋日長而形成一種相互權利義務的社會制度，如中世紀的西歐一樣。

村落首領在平時是沒有什麼特權的；但到了戰時，他的地位便變成很重要了；人民不僅要給他以收入，而且要給他以忠順。這些特權開始是可以撤廢的；但戰爭繼續不停，則自自然然變成為世襲的特權；不久便形成了坐收賦稅和徭役的封君。

封建貴族建立其權威之後，各人為鞏固地盤及擴張其統治權計，相互之間便發生不停的戰爭，彼此企圖集中土地財產和社會勢力於自己之手。結果，戰敗的封君或是滅亡或是淪為從僕或是流為土匪頭目，而戰勝者則變成為頭等公爵的大封君。

戰敗而未至滅亡的諸侯，每每率其敗軍沿路打刼，不僅刼掠鄉村，旅客，而且刼掠富足的城市。由此各城市便武裝起來，而託庇於大封君或王的保護之下。

但小諸侯完全消滅，相互間的戰爭完全停止後，鄉村又要恢復安靜的狀態而所須封君保護之必要必致大減；這個時候，封君不能不拋棄他的土地而自降為王公之臣隸，前此保護其臣僕及農人之地位便隨着動搖。從此農人不須要軍事的保護，而封建制度便喪失其存在之理由。所以封建制度是從戰爭產生的，也是從戰爭滅亡的。

然上之所述，不過爲一方面之事實。當各諸侯互爭雄長的時候，對於農人早已施行極端苛暴的專制政策；戰爭綿延，諸侯之國力必致極其衰弱，而農人們必致喁喁望大君主之救助與保護。由此，君主專制政治（或是有限的或是無限的）乘勢盛興，多方利用諸侯間之衝突與戰爭而愈益擴張其威權與勢力。有時各諸侯爲勢所驅，不得不棄嫌尋好，聯合以抗君主；至此君主也不得不有所聯合以制諸侯。然則聯合誰呢？只有聯合各個獨立自主的城市（見上篇第十三章）。

各個獨立自主的城市，在本地封君的壓迫和連續不已的戰爭情況之下，早已自行武裝，形成爲小小的共和國，就是所謂自由市府或城市國家。城市國家因爲抵制本地諸侯的壓迫，所以也願意與君主攜手，而直接納稅於君主。城市共和國的主體，是由製造業起家的第三階級（Tiers-eta）。在製造業發展的全時期中，第三階級（卽後來的大資產階級）在君主與諸侯的政治爭鬥裏面成爲舉足輕重的要素，而各大君主專制政治國家之隆盛，卽係倚靠第三階級爲柱石。但是大工業與世界市場不停的開拓，資產階級的勢力不停的擴張，於是君主又不得不與諸侯聯合以壓抑資產階級而永續其命運。由此，資產階級的革命到處爆發；結果，到處都由她獨占了政權而組織近世代議制的國家，近世代議制的國家。實際不過是資產階級一切事務的行政委員會；資本主義發達到最高度的時候，便變成爲帝國主義的國家，爲全世界無產階級和壓迫民族之惡敵。

第八章　氏族與國家之興替

我們在以上所述伊洛葛希臘羅馬和日爾曼四大特例中，可以追蹤氏族社會之所以存在及其如何解體之行程。據我們所具有而經判正的攷證：氏族社會產生於野蠻時代的中期；發達於野蠻時代的高期；到半開化時代的低期已達其繁盛之極點。所以我們不妨認此爲進化階段之起點。

伊洛葛人的氏族，最與吾人以說明之方便，因爲我們僅得在此處發見完全發達的氏族社會。一種族是集合幾個氏族而成的，原始的氏族人數增加的時候則分出一列姊妹的氏族，而母氏族遂成宗族之形態。種族的本身又孳乳爲若干種族，此若干種族之大部份便是從前的老氏族。更進則有種族之聯合，至少在某幾種情形中，幾個親近的種族，有一聯合的組織。這種簡單的組織是完全適應於產生她的社會條件的。這種組織不過是自然凝結起來的；在她的內部不能發生後世社會的一切衝突。至於外部的衝突（戰爭），在這種簡單的組織遇之亦容易解決；因爲全種族寧可滅亡，而決不降伏。這種簡單的組織既不需要統治權，也不需要奴屬的地位。這固然一方面是氏族制度的寬大，而他方面也是氏族制度的弱點。在氏族社會裏面還沒有權利與義務的差別：比方分担一切公衆事務，復仇，或容收外人，這是權利也就是義務；吃飯，睡眠，打獵是義務也就是權利；此等事情若還要請求或命令，在他們看來是很荒唐的。至於把種族或氏族分成爲若干不同的階級，在他們的社會裏更不能有這樣一回事。凡此都可引導我們來考究其各種秩序之經濟基礎。

這種社會，人口是極稀少的。在每個種族居住的地方不過相當的稠密一點；圍着每個種族的住居有一帶廣大的獵地；其次有一個保護森林的中立地帶，以爲間別其他各種之用。此時的分工純粹是自然的分工；換過說，此時只有男性與女性的分工。男子從事戰爭，漁獵，供給工具的材料，以及食物的原料；女子管理家屋，糧食，及做衣服烹飪紡織縫袵等工作。男女都是產業的主人：男子在森林裏面，女子在家屋裏面。男女都是自己所製造或使用的工具之財主：男子爲武器和漁獵器械之主人，女子爲家具之主人。家庭是衆多的家族共同的；房屋，園圃，和船隻都是共同使用的共同財產。近世法學家經濟學家應用於資本主義社會之『財產是勞働的結果』這句話，惟有應用於這樣的社會才算恰當。

但是人們決不會永遠停止在這樣的程站裏面。在亞洲的人們，他們最先發見可以馴養的獸類，然後捕野牛而畜之；每條牝牛每年可生一條小牛，幷可供給多量的牛乳，由此畜牧之用大宏。極前進的種族如亞利安族和閃密的族，他們由馴養家畜而入於遊牧時代；牲畜愈發達，他們所散布與佔領的地面愈遠大。於是，這幾個遊牧種族便從多拉尼亞高原（亞利安族與閃密的族以前皆住在Touraniens）其餘的野蠻羣衆中（在半開化的初中期之間）分離出去：這便是人類社會的大分工之第一次。

遊牧民族不僅比其餘的半開化人更繁殖，而且比其餘的半開人生產些不同的豐富的生活品。他們具有豐富的獸乳，獸肉，以及乳製品；此外還有豐富的獸皮，獸毛，以及大宗毛織物的原料。他們剩餘的貨物既多，於是物物交易開始成爲常規的事業。在以前的時候，只有在同種族之間偶然發生一點交易的事情，所以交易不過是偶然的或例外的；但一到遊牧種族從其他野蠻人中分離出去之後，各種族間交易的必要條件卽已具足，故交易事業遂發展鞏固而成爲常規的制度。最初，種族間的交易，係互以其族長做經紀；但到了畜羣開始成爲私產的時候，個人的交易逐漸盛行，卒至成爲惟一的形式。遊牧種族和其隣近各種族交易的主要商品是牲畜，所以牲畜成爲一切商品的價值標準之主要商品，到處都可用牲畜交換東西。簡單一句，牲畜實代替了後來貨幣與現銀的作用。這是必要的，因爲在貨品交易發達的開始，卽迅速需要一種代替貨幣作用的商品。

園圃的耕種，是農業的先導，在半開化初期的亞洲人或者還不知道，他們遲到半開化中期才發明這種產業。多拉尼亞高原的氣候不宜於畜牧生活，因爲沒有芻秣以度長久而嚴寒的冬天；所以亞利安人和閃密的人只有率其畜羣而他去。可是此外對於穀類的耕種却具有天然的條件；黑海北方各荒原也是同樣的情形。但最初人們不爲豢養家畜而種穀類，後來才以之爲人們的食糧。耕種的土地不用說還是種族的財產；復次分配於各大家族；最後才分配於個人。個人雖有某種限度的佔有權利，但還不是固定的。

在這個時期的各種工業發明中，特別有兩種是很重要的：第一是紡織；第二是鎔鑛與金屬工作。銅與錫，及二者的混合物之鎔製，是很重要的；因此發明一些銅製用具與銅製武器；但仍然不能代替石器而將石器時代取消；這樣的事情惟有到鐵器發明才爲可能，然而此時的人們還不知道取鐵與鎔鐵。金與銀是已開始做寶玩與裝飾品使用了，幷且其價值已比銅屬爲高。

隨着畜牧，農業，手工業各派生產的發達，人們的勞動力已能製造許多他們所從未曾有的物品以擴大其生活。偉大的生產力與每日勞動的總和同時增加，各氏族內漸漸感覺勞力不夠。由此自然而然發生一種囊括一切新勞動力的志願。但以什麼方法來滿足這志願呢？便是戰爭。戰爭的目的在捕獲俘虜；於是遂把戰俘變成爲奴隸。勞動生產力增加，所以財富也增加。第一次社會的大分工既擴大了生產的範圍，到了一切歷史的條件具足的時候，必致產生奴隸制度，乃是毫無疑義的事。所以我們可以說，由第一次社會的大分工產生了第一次社會階級的大分裂：即主人與奴隸，掠奪者與被掠奪者。

種族或氏族的共同財產，在什麼時候以什麼方法變爲各家長的財產？這樣的問題，直到現在我們還不能十分明白；然這種變化，大旨應當在這個時期才得產生。這個時期，隨着畜羣與一切新財富的發展，家族中業已起了一種革命。男子的地位莫不是利益的，由他製造的必要工具與物品，都是他的財產。家畜更成爲利益的新方法，開始的馴養，復次的看管，都成爲男子的事業。牲畜屬於男子，也就是商品與奴隸屬於男子，他們可用牲畜交換奴隸。總之，一切利益可以使全生產歸於男子；婦女不過隨着男子享受罷了。

以前野蠻的戰士與獵夫，常以在家中居於婦女之次位忻然自足；現在溫良的牧人則不然，他們以財富自雄而居於第一位，貶謫其婦人於第二位。從前家庭的分工卽已規定了男女間財產的分配；現在分工雖然還是一樣的，可是分工的狀態已變更了。從前婦女以專執家庭勞動而樹立婦女在家庭中的優越地位，現在婦女以專執家庭勞動而樹立男子在家庭中的優越地位；并且男子生產的勞動愈重要愈發展，婦女的家庭勞動卽愈被其隱滅而居於不重要的附屬地位。由此可知婦女解放與男女平等地位的意義，若婦女仍被排除于社會的生產勞動之外而專竄在私人的家庭勞動之中，乃是絕對不可能的。婦女解放，惟有當她能參與廣大範圍的社會生產而家庭勞動縮小至於最小限度的時候才爲可能。這樣的條件惟有在近世的大工業裏面才能實現，近世的大工業不僅容許婦女勞動於廣大的範圍以內，而且顯然要求婦女參與，并有漸漸使私人的家庭勞動變爲公衆事業之勢。

男子在家庭中的實際權威，最後掃除了一切與之反抗的障礙；這種男性的絕對權威更由母權倒霉父權行世（在由對偶婚變到一夫一妻制的時候）而益加鞏固。這種變化又於氏族的舊制度之內生了一個大破綻。由此私人的家庭成爲一種勢力，并崛起向氏族社會示威。

極迅速的進步，引導人們到了半開化的高期，當此之時，一切已開化的民族都經過所謂英雄時代：即鐵劍時代時，也可說是鐵犂鐵斧時代。人們旣有了鐵器，遂成爲一切重要原料之主人；自金屬以至地蘋菓這些極重要的原料，在歷史中實佔了一種革命的地位。鐵可以開拓極廣大的農業地面，與森林地帶；而給勞動者一種極其堅硬與鋒銳的利器，其堅硬鋒銳爲一切石器與其他金屬工具所不能抵當。但鐵器併非起初就有這樣的程度，也是漸漸才有的，因爲最初的鐵比銅還更軟。所以石器要慢慢才歸消滅；石斧不僅在伊爾德伯郎(Hildebrand)的歌謠中發見，在一〇六六年哈斯丁(Hastings)的戰塲中還出了面。但這種進步不斷的進行，他的態度是很激急的。

由村落變成的城市，現在已包圍於石頭砌成的城牆之中，城牆上面有些鐘樓；城內的房屋也有石砌的，也有磚砌的。這樣的城市是一個種族或幾個種族聯合的集中住居。這樣，一面是建築術的重大進步，別面又是危險與防護的需要增加之表徵。財富雖增加得快，但是在個人財富的形式之下增加的。紡織，五金工作，以及其他手工業皆逐漸的專門化，使生產事業愈完成而愈駁雜。農業於穀類外又能供給菜蔬與菓食，以及多量的油與酒。勞動旣複雜，勢不能以一人之身兼做各事，由此手工業與農業分離，遂完成人類第二次的大分工。

生產和勞動不停的增進，自然會把人類勞動力的價值增高起來。奴隸在以前的時候不過爲偶發的新生的事態；現在成爲社會制度主要的要素。此時奴隸再也不是簡單的助手了，乃成羣結隊的領到田原或工廠中去做工作。

因爲生產分成爲農業與手工業兩大支，於是生產根本變更其性質：從前是直接爲消費而生產，現在是直接爲交換而生產。商品生產，就是由此產生出來的。隨着商品生產而來的便是商業，此時商業不僅行於種族內部與各種族之邊界，而且行於沿海各岸。然而商業還未充分發達；貴重的金屬才開始成爲貨幣商品，雖然漸漸有推行普遍之勢，但是人們也還不知道加以鑄造，他們不過是按照其重量以爲交換。

由新分工的結果，又惹起新社會階級的分裂。所以於奴隸與自由人的差異之外，又發生貧富的差異。因爲各家長的財富之不均，遂破壞了從前共同耕種的集產村落社會。耕地開始分屬於各個家庭，復次完全爲各個家庭所永有。私有財產之漸漸完成，是與對偶婚過渡到一夫一妻制並行的；家庭至此遂開始成爲社會的經濟單位。

此時人口已比較稠密起來了，對內對外不得不建立更密切的關係。於是若干血統相近的種族之聯合，到處成爲必要；幾個聯合的種族不久便把他們各自的土地合併起來而成爲一個民族的土地。於是每個民族的軍事首領——或叫Rex或叫basileus　或叫thindans　——也成爲必不可少的永久官職。由此更要產生人民會議，——這是以前還沒有的。軍事首領，議會，人民會議，都是氏族社會向軍事的民主政治進化的表現物。因爲戰爭頻起，軍事的組織必然成爲民族生活的常規職務。

隣近種族的財富，足以惹起最初以掠奪爲業的貪慾。他們都是半開化人，掠奪在他們看來是很容易的事，并且以爲比較勞動之所得更爲可貴。戰爭在從前不過爲復仇，篡佔或擴張土地時用之，然而並不多見，現在則專成爲刼掠事業的家常便飯。城市的周圍從新建築城牆，也不外是向氏族社會示威：城壕無異是給氏族會社掘了墳坑，城樓無異是表示其高度已達於文明。刼掠的戰爭足以增高軍事首領的權力以及內部首領的權力；後繼者的選舉，漸漸習慣於同一的家族之中（尤其是父權採用以來），最初還不過是一種寬大的世襲的狀態，復次是公然宣布，最後是公然篡立；世襲的王政和貴族政治的基礎是從此樹立的。

氏族政體的各機關，漸漸拔出其根基於人民，氏族，宗族和種族之中，而政體的全部是顚倒的：卽種族的組織係以自由管理其事務爲目的，而氏族政體反成爲以刼掠與壓迫其隣人爲目的的機關。氏族既照着這樣的目的進行，於是她的一切機關再也不是民意的工具，而成爲統治人民與壓迫人民的獨立機關。但這種變化，若不是氏族內部劃分了貧富兩階級，是決不會起來的。

至此人們已入了文明的門戶了。文明的門戶是由分工的新進步洞開的。在半開化初期的時候，人們不過直接爲自己的需要而生產；縱然也有幾種交換行爲，不過以其剩餘的貨物偶爾爲之。

在半開化中期，遊牧民族中已發見一種家畜的財產，家畜繁殖成爲大畜羣的時候，剩餘貨品遂能有常規的供給。同時遊牧種族與落後種族分工之結果，產生兩種不同的生產程序與單位，至此常規的交換條件卽已具足。到了半開化高期，又產生一種農業與手工業的大分工，由此直接爲交換而製造的物品不停的增加，並且促進兩種生產者之間的中間人的地位，使之躋於社會生活的必要行列。文明不僅鞏固並且增進一切已經存在的分工，特別是增進城市與鄉村間的抵抗，因爲鄉村的經濟常常爲城市所支配。此外更有可注意的，便是文明降臨，又增加了人類第三次的大分工。這個分工是什麼呢？是創立了一個再不從事於生產而專門從事於交換生產品的商人階級。

以前惟有生產能決定新階級的形成；參與生產的人不過分成爲管理者與勞動者。現在於以上兩個階級之外，又出現一個絕不參與生產而能在經濟上普遍支配生產並隸屬生產者的商人階級；這個階級成爲兩種生產者之間必不可少的中間人，而彼此都由她剝削。商業的口實是解除生產者的各種困難與危險，而把生產品推銷於極遠的市場。商人在生產上似乎爲極有益的階級；實際，她乃是社會眞正的寄生蟲，專賴居中操縱贏得最重要的財富地位，而其最後對於經濟生產上的貢獻，不過是惹起一些定期的商業恐慌。

商業發展到這個階級的時候，實際還幼穉得很，當然還沒有達到上述重大的事體。然充其發展之可能是必然要達到那樣地步的。由商業的發展，又產生金屬的貨幣；鑄造的貨幣漸漸成爲不生產者用以操縱生產與生產者的新工具。誰是生產世界的主宰，誰執一切衆生的命運？就是執持貨幣的商人。這種地位是由現銀的鑄造確定了的。自從現銀的妖魔出世後，一切商品以及一切生產者皆五體投地俯伏於他的前面。一切別的財富的形式，逢着這個妖魔的面孔，莫不相形見絀而成爲聽命惟謹的賤貨。這個妖魔雖然還在初生時期，然『自從盤古開天地』以來，從未見過一種這樣兇神惡煞的勢力。現銀於商業盤剝之外，又成爲高利貸借事業的母親。後世再也沒有同上古雅典與羅馬高利債權者蹂躪債務者的法律之殘酷；然這樣殘酷的法律，在以上兩個地方都是自然產生的習慣法，除了經濟的必要外，沒有別的強制力使之發生。

不但如此；此時於商品，奴隸，和現銀的財富外，又出現一種土地的財富。從前由氏族或種族一份一份分配於個人的土地權利，現在鞏固爲世襲的財產權。最後他們公然宣布這種分配法於他們爲一種束縛；他們努力將這束縛解除，於是土地遂成爲他們的新財產。這種新財產的意義，不僅是完全無限制的具有，而且可以自由買賣。以前土地還以氏族爲地主的時候，出售是絕不可能的。現在新地主完全把氏族或種族的束縛取消，自己爲直接的地主並且把以前氏族人員和土地不可分離的關係完全打破。這種變化也是因爲現金出世：土地一面成爲暫時的私有財產；一面成爲可以販賣得利的商品；再則以土地爲抵押品的方法又已發明。抵押制之接着土地財產而起，也如賣淫制之接着一夫一妻制而起是一樣的。

隨着商業，現銀，高利借貸，土地財產和抵押事業的澎漲，財富積聚并集中於極少數的階級之手；同時民衆的貧困與貧人的數目也飛速的增加。財富的新貴族階級，到處都把從前種族的貴族推倒而使之落於貧民的地位：如在雅典，羅馬，以及日爾曼都是一樣的。於是自由人又按照財產分成爲幾個階級；特別是在希臘，自由人變成爲奴隸的數目異常增加；奴隸的強迫勞動，是當時希臘社會一切建築物的基礎。

現在可注意的是氏族社會中猝然而起的革命的進行。新生的各種要素，氏族沒有力量可以管束，氏族社會最重要的條件是一個氏族或一個種族的人員都要固定的集居於同一地方。這樣的事情，許久以來已經終止了；到處的氏族和種族已混合了；到處的奴隸，居留客，外人，都雜居於市民之中。氏族社會之固定，不停的由頻繁的遷移，住居的不定，貿易的轉徙，勞動的變化，以及財產的升降而動搖。氏族的人員從此不能集居以株守從前共同的事務。他們再也沒有空間來從事於那些不關重要的事情，如各種宗教的祭節等等。從前適合於保衞各個成員的需要與利益的氏族社會，至此因爲勞動關係的革命和社會關係的變化，不僅於氏族社會的舊秩序以外發生一些新利益與新需要，而且這些新利益與新需要是完全與氏族社會的舊秩序直接衝突的。

由分工的結果，各種各色的手工業者組合一些各爲其行業利益的團體，又產生一些城市的特別需要，這些都是與鄉村的利益及需要相反的，必然要求設立些新的代表機關；結果，果然設立了。但這些團體的每一個，都由一些屬於不同的各氏族各宗族或各種族的人員組成的，就是外國人也包括在內。這些新的代表團體都是形成於氏族以外的，最初是與氏族會社並立，復次是反對氏族社會。并且每個氏族組織的內部莫不輪流發生利害不同的衝突；這種衝突，因爲集合貧人與富人，債權者與債務者於同一氏族或種族裏面而達於極點。由此驅使大批新的平民羣衆，與氏族組織以外的人們結合成爲一個地方的勢力；而仍然留在氏族行列以內的人們自然不很多了。氏族組織，此時在羣衆看來，乃是一種特權的關門的團體；原始的自然的民主政治，現今已變成爲可惜的貴族政治了。一言包括，氏族制度乃是從沒有階級抵抗的社會產生的，乃是從原始的共產社會產生的，除開公意以外，沒有別的強制方法；現今經濟情形既已根本變化，自然一切都要革故鼎新了。

但是按照新的經濟條件的總和剛在鑄成的新社會，她開始便把人們劃分爲自由人與奴隸，富的掠奪者與貧的被掠奪者。這樣的社會不僅不能調和階級抵抗，反而使階級抵抗愈增嚴重而達於極端。這樣的社會只有藉着不停的公開的階級爭鬥才能存在；或者統馭於公然建立在階級爭鬥和利害衝突上面的第三種勢力之下，而任對抗的階級在經濟地位上做所謂合法的爭鬥。氏族社會的生命已經過去了；她由分工——把人們分成爲若干階級——完全破壞了；於是國家乃代之而興。

由以上各章看來，建立在氏族廢址上面的國家，可以得到三種主要的形式。雅典的國家是直接由氏族社會產生的，其時氏族社會內部所發展的階級抵抗顯然可見，故雅典的國家形式爲最完全，并且最古典。其在羅馬，當時的氏族社會業已成爲閉門的貴族政體，其中多數的平民負担各種義務而被排除於各種權利之外；等到平民勝利的時候，遂破壞氏族的舊政體而建立國家於其廢址之上，不久氏族的貴族與平民遂混合了。至於戰勝羅馬帝國的日爾曼民族，他們的國家是直接由於征服外國廣大的領土而其原來的氏族制度不足以資統馭產生的。因爲這樣的大變化是由征服事業引起的，所以舊的氏族社會裏面既沒有起嚴厲的爭鬥，也沒有起完全的分工；又因爲戰敗者經濟發達的程度與戰勝者經濟發達的程度幾乎相同，並且舊社會的經濟基礎尙是存在，所以氏族還能在馬爾克的形式之下維持幾百年之久，並且在某幾個時期，氏族的面目反覺返老回童。

所以國家完全不是社會以外的強制權力；更不如黑智兒所說是一種『道德理想的實踐』或『理性的實現與想像』；他乃是社會進化到一定程度的產物。當社會分裂爲幾個不可調和的階級抵抗與經濟上發生利害衝突的時候，社會自身不能克制或醫治這些衝突與抵抗；然而這些衝突與抵抗決不能自作自息；社會無窮的罹受這些無益的爭鬥，便自然而然要求一種顯然統治社會的勢力來平息各種衝突而綱維一切於『秩序』的界限之內。這種勢力是由社會產生的，但是建立在社會上面，並且漸漸與社會隔離。這種勢力是什麽呢？就是國家。

以國家和氏族社會的舊組織比較起來，國家的第一種特性是按照地域以分配其組成份子之人口，簡單說，便是以地屬民。從前的氏族社會則不然，他的組成與維持，完全由於血統的關係以及團居於固定地方之感情；然而這樣的事情，許久以來已不存在了。土地是不能移動的，但人們是可以移動的。自從人們知道劃分行政區域，於是便任其公民各在所居之地以行使其權利與義務，而與氏族或種族全不相干。隸於國家的人民，按照地域爲組織，乃是一切國家的通性。這種組織，在我們現在看來，好像是自然的；但在當時不知經過幾許長期的困難與爭鬥（如在雅典與羅馬）才得取到舊的種族組織之地位。

國家的第二種特性是所謂公共勢力（Force publique）的組織；這種公共勢力並不是直接從以前民衆的武裝勢力而來的。然而這種公共勢力（實際是特殊勢力）却是必要的，因爲自從階級分化以來，民衆自然產生的武裝組織已成爲不可能之事。平民的最大多數業已成爲奴隸；比如雅典的奴隸有三十六萬五千人，而成爲特權階級的公民不過九萬人。雅典民主政體的武裝人民，乃是對付奴隸的貴族階級的公共勢力，用以看管奴隸的；就是對於一般公民也須設立巡警去管束。這種公共勢力，在一切國家中都是存在的；這種公共勢力不僅有些武裝的軍人，而且又有些物質的附屬物，如牢獄和法庭之類，——這類東西都是氏族社會所沒有的。這種公共勢力在階級抵抗還沒發達的社會尚不十分重要；但在階級抵抗發達到極點的國家，以及近代競相侵略其隣國與弱小民族的資本帝國主義的國家，這種公共勢力的擴張與準備，乃有覆滅社會全人類以及國家的本身之趨勢。

爲維持這種公共勢力，於是公民對於國家要負担租稅的義務。租稅，在以前的氏族社會是完全不知道的。後來隨着文明的進步，租稅還不夠開支，國家乃創立所謂國債而發行公債票。國家既有公共勢力與徵收租稅的法律，於是由社會設置的官吏便高居在社會上面了。

國家是由於控制階級爭鬥的需要產生的；但他的內部又產生一些階級鬥爭。照普遍的定律說，國家乃是在經濟地位上極佔優勢的階級的機械，這個階級藉着國家的設立又成爲政治上的支配階級，並且由此又造成一些掠奪被壓迫階級的新工具。比如上古的國家乃是奴隸所有者用以控制其奴隸的工具；封建的國家乃是貴族階級用以隸屬農人的工具；近世代議制度的國家乃是資產階級用以掠奪工錢勞動者的工具。然而也有例外：當兩個階級的爭鬥均衡不相上下的時候，此時的國家好像暫時獨立於彼此之間而現出中立者的面目。比如十七世紀和十八世紀的君主專制政治，乃是建立於貴族階級和資產階級的均衡之上的；法蘭西第一拿破崙的帝政和第二帝國乃是建立於利用無產階級以反抗資產階級和利用資產階級以反抗無產階級的背影之上的。這一類的最近產物，就是俾斯馬克式的德意志新帝國，也是建立在資本家和勞動者彼此爭鬥的均衡上面的。

歷史中所有的國家，其給與公民的各種權利都是按照其財產爲等級的；由此便可公然證明國家是一種保護有產階級以對付無產階級的機關。如雅典和羅馬的國家，其給與公民權利的等級都是按照其財產規定的。在中世紀封建的國家裏面也是一樣的，封建的政權是按照土地財產爲分配的。就是在近世代議制的國家裏面也還是一樣的。然而這種財產差異的政治面日並不是表示國家進化程度之高，反是表示國家進化程度之低。較高的國家形式是民主共和，——這在近世具有的各種社會條件中已逐漸成爲必然的產物，並且在這種國家形式下只能激起資產階級和無產階級最後的爭鬥。民主共和已不能公然承認財產的差異了。

在民主共和國中，富人祇以間接的方法執行其勢力，但也是極有力的。一方面是官僚賄賂政治的形式（如美國），別方面是銀行與政府聯合的形式。這種聯合是隨國債的日益增加，生產和運輸等社會行爲日益集中而完成的。美國以外，法蘭西共和國又是一個顯著的例；就是小小的瑞士也是一個例。但也有資本與政府雖然親密聯合，其國家形式却不必須要一種民主共和的招牌，而普選程度已達於較高之點，如英如德皆在此例；並且資產階級卽直接藉普通選舉以行其支配。許久以來，被壓迫階級因爲自己解放的程度還未成熟，所以她只得承認現社會秩序是唯一可能的，並且自己形成爲資產階級之極左翼。但是她到了自能解放的時候，她便會以自己的代表（非資本家的代表）組成她自己的不同的政黨。所以普通選舉在現在國家裏只可給勞動階級做一個自覺程度的寒暑表，此外更不能並且絕不能有所進益了。然而在資產階級民主政治之下，只要如此也就夠了。到了恰當的時候，無產階級起而征服政權，則無產階級民主政治所達到的沸度必比資產階級民主政治爲更高。

是故國家不是永遠存在的。在他所從出的遠古的氏族社會裏面並沒有國家和政權的意義。經濟發達的程度到了自然惹起社會階級分裂的時候，才由這種分裂形成國家的必要。現在生產發達的程度已使我們大踏步的接近了這樣的時代：卽階級的存在不僅不必要，而且成爲生產上的大障礙。階級必致於消滅也和其必致於發生一樣。隨着階級的消滅，國家也必致於消滅。到那時候，社會將從新組織於生產者自由平等的和有組織的生產基礎上面，而將全副國家機關移置於上古的博物院，使之與手紡車靑銅斧並排陳列。然這不是一朝一夕可做到，要待世界無產階級革命後才能做到。

第九章　各種政治狀態與經濟狀態之關係

氏族社會之政治形態，吾人於伊洛葛已可概見一般；伊洛葛的政治形態，乃是原始民主政治之完全典型。這種形態，完全是伊洛葛人經濟狀況的表現：生產者均是生產品的主人，收入狀況全然相等；這部份人不得掠奪別部份人；這部份生產者不得凌駕別部份生產者。因爲經濟上沒有分成階級，所以也沒有階級抵抗，自然不需乎專制的集權的政治。勞動的共同，除却自然強制之外，絕不需要任何人爲的強制力於其間，所以經濟關係的常態常能按照自然的秩序而發展，人們的關係也能完全確保其自由。

在村落集產時代，村落卽成爲經濟的自治團體。比如日爾曼人的馬爾克，耕作者仍是共有其土地，共同其勞力，完全立於平等制度之下。這種經濟平等的結果，政治的平等必然與之相適應。所以全氏族人員都能參與人民會議，爲馬爾克之最高權力機關，播種和收穫時日的規定，會長和各種職員的選舉，稅額的平定等事項，都由這種會議決定；決定之後，人人都有服從的義務。這種自治團體不僅未與社會分離，並且爲有組織的社會之本體；共同政權，實爲當時共同勞動和共同經濟狀態之反映。馬爾克法律一面具備共同主權之體製，一面欲使勞力効率增高，對於人員的自由略有幾分約束。然這種約束，完全本於生產上之必要，不僅使孤立生產者歸納於共同生產團體，並使共同生產團體足以強制其所屬人員，俾有効之共同勞力得以充分發達。組成分子的自由，雖略受幾分限制，然而並非出於上層階級之權力，其目的亦非違反各個人員之利益。共同的意志是由各個人員形成的，各個人員卽爲這種意志之一份。一言包括，不外爲生產者保護自己之利益，而自願服從這種限制。故在這種社會組織之下，由經濟的平等，產生完全自治的制度。卽如印度村落之會長，他行使專制權威的時間，只限於生產時間，卽村落居民從事於漁獵耕稼的時候，這也與馬爾克的強制同一理由。

共同勞動，爲原始共產社會和村落集產社會的基礎，這種社會與共同財產制相終始；私有財產制出世，這種社會即歸於湮沒。私有財產的派生物，第一是階級，第二是國家。他所及於政治組織的影響，首先是破壞種族組織的編製而代以領地組織的編製。從此，國家的人民並不屬於同一種族或民族，故領土日益擴大，人口日益增加。從前因爲要使勞力結合於族制以內，故對於領土的擴張和人民的增加皆有嚴厲的限制；自此以後，這種限制完全歸於消滅。

私有財產不僅使政治組織變化，而且使主權的性質根本變化。在集產制的自治團體——如馬爾克，不過在一個村落或部落內具有一種組織的能力，此外完全與社會同爲一體而沒有區別；及私有財產制確立，政權集中於少數富人之手，國家遂與社會斷絕從來關係，僅代表社會中一小部份人之利益，並且爲最少數人用以壓制最多數人的武器。故國家對於有產階級和無產階級之關係，顯然劃分爲二：有產階級居於支配和統治的地位；而無產階級完全居於被壓制的地位。國家的強制行爲，對於有產階級可以無限減少；而對於無產階級可以無限增加。所以由此有產者及其寄生蟲得以免除勞動的義務；而治人和治於人的大分工亦因而開始。有產階級爲保護幷增殖自己的利益而創立國家，則國家對於最大多數無產的人自然要採取違反其利益之行動；所以國家的強制權力亦不可不強大。故自私有財產制設定之後，國家權力必然增加。國家權力增加，則其實質亦必變化，而成爲有產階級進攻退守之兇具。

豪富自握政權，故富即爲權力之表現。通觀私有財產演進之各階段，莫不到處可以發見這種眞理。每個時代的政權支配者，卽爲每個時代經濟上的優越階級：如上古希臘羅馬之奴隸所者有，中世紀之地主，近世之資本家，莫不爲政治上最高權力之階級。

當私有財產初盛而國家還未創立的時候，管束奴隸勞動之全權，完全由各個財主之自主，各個財主欲取其財產之收入與謀其財產之增殖，卽直接行使其個人的無限制的權威，初還不覺有團結其同等階級之人以把持政權之必要。然一旦覺到奴隸人數之衆多以及叛亂反抗之可畏，則國家之組織勢必迅速促成，而財主個人的權力勢必集中於國家的形式之下，使國家運用其階級的權力以對付其奴隸。這類上古的國家，最初雖然是種族的貴族佔優勢，然不久卽爲財產的貴族所承繼。通觀上古的變化，在政治上常占優勢的，完全是經濟的主權。

中古的隸屬制與上古的奴隸制很有差別，所以政治的組織亦遠不相同。上古末葉，土地生產力衰退，奴隸制與束縛勞動者身體的方法，漸漸不能適用，所以隸屬制代之而興。隸屬制是爲救濟衰退的生產狀況與改良勞動情形產生的，所以比較奴隸制寬大溫和得多。隸屬制內，從屬的人數雖然擴張（因爲自由貧民的淪入），但其壓制程度則較前大減。從前財主對於奴隸的身體有處置之全權，故得榨收最大的利潤；在隸屬制則不然，凡隸屬者所受分配土地，對於地主只納一定的租額，地主的收入是有限的，遠不能如前此財主對於奴隸之盡量榨取。幷且封建制度把主權分於個人，行使主權者非地主之全體，但爲每個地方的地主。還有一層，地主亦不能專有其政權，必須再分與教會的僧侶及其所屬的家臣。僧侶與家臣爲維持封建制度之要素，既受收入之分配，又得政權之參與，故收入制度若有變化則政治主權也隨着變化。

及至中世紀末葉，資本主義的生產方法迅速完成，隸屬制度不能適用，於是『自由勞動』始隨着『自由貿易』等口號同時宣布。資本家以領有資本和生產手段之一事卽可收得最大的利潤，所以對於勞動者的身體無須具有什麼主權。於是個人的主權復與財產關係分離，而再現團體的或階級的主權之形式。然這種形式與上古的形式有一種重要的差異：上古須自由民才得享受政權，須有財產才得具有自由民的資格，卽財產自由和政權成爲三位一體的東西；近世則不然，法律上的平等自由無關於財產，而具有這種資格之無產者亦無關於政權之實際。上古制度，法律上之自由與財產有密切關聯，而階級的主權之分配亦包含於其中。然至近世，法律上之自由早已與財產的差異分離，最大多數具有平等自由資格的無產者實際不能參與政權，故政治主權實歸資產階級及其不生產的勞動者（資產階級的政黨，律師，新聞記者等等）所獨占。資本家無須以個人的主權來維持其收入制度，故主權形式不如中古之單獨的享有，而爲階級的享有，這完全是由經濟事實決定的。

奴隸制和隸屬制時代，財主和地主得依當時生產制的便利，免除其蓄財經營之俗累，可以全力從事於國家事務。如希臘羅馬諸州之家庭經濟，生產上若不遇特別刺激，則財主或地主無使用其智力於私事之必要，因此，他們遂以政治生活爲其畢生行爲之日的。所以上古世界不視公民與國家爲一體，卽說人們爲政治的動物。近世工資制度則不然，資本家須以全力經營其生產事業商業機關或銀行機關，絕不能人人直接行使政權，其行使政權的方法只有藉着他們所豢養的政黨去執行，這就是近世代議制盛行的原因。

這樣看來，經濟和政治組織之關係約可分爲四期：在原始共產時代，經濟爲共同連帶性質，故雛形的政治組織全然爲共同的形態；奴隸制度時代，自由人對於政治上的共同連帶仍視爲生存必要條件，不過範圍只限於富人階級而非全民族；封建時代，政治的組織，除卻自治城市之政治連帶外，純然以個人主義爲其特徵；至於近世資本主義時代，經濟上純爲個人主義，政治情形也完全與之相適應。

在奴隸制和隸屬制之下，財主和地主都可致力於公衆事務，故代議制決不能發生。及近世工資制成立，資本家經營生產與行使政權，二者勢難兼顧，所以必須設立代議制。故工資制開始之英國，同時又爲代議政治之先導。英國議院政治實行許久，德國始廢古昔的族制政體而採用代議制，因爲德國的大工業發達很遲。由此更足證明政治組織完全隨着生產機關之變化爲變化。

財富的收入，大別有地租和利潤的區分。由此區分常使權力階級分裂爲二，而形成利害各殊之二政黨。代表地租者常常反對生產的改良，故形成爲保守黨；代表利潤者常常認改良生產爲其利益，故形成爲進步黨。這爲經濟的衝突必致發生政治的衝突之通例。政黨的組成分子，即爲不生產的勞動者。不生產的勞動者，在政治上具有很大的勢力，支配階級的各種收入，必須分割大部份於他們，以充他們的工資。

不生產的勞動者外，還有不生產的資本（如銀行資本等）。不生產的資本於資本收入之存在與擴張，具有極偉大之作用；所以不生產的資本在政治上也占有極重要的地位。資產階級雖間接於議院表現其『民意』，然單靠這樣還是不夠，乃更進而直接操縱行政機關，其惟一手段在通氣脈於銀行與政府的財政部之間，陰爲不法的勾結，使政府愈感依賴銀行之必要。不生產的最好標本莫如公債，發行公債可使政府於若干時間無須加課新稅而免議會之控制。美國不生產的資本對於政府的威權比歐洲更爲偉大，銀行和鐵路公司的代理人常常在議院休憩室裏面橫衝直撞，對於其收買的議員施行不可抵抗的威力；黨人俯伏於不可思議的資本勢力之前，一言一動莫不聽其指揮，所以立法行政二部完全爲資本家頤指氣使的機關。

不生產的勞動者在政治上的勢力與不生產的資本同其重要。在某一時期，不生產的勞動者得豐厚之收入，則在政治上對於支配階級必盡其忠誠之義務，而對於被支配階級亦與以幾分寬大，以減殺其不平之氣，故其政績特別顯著。例如中古之僧侶，爲壓制並調劑農奴社會以確保封建財產之必要人物；故特占重要地位：不僅得享收入，而且得享政權之分與，以調節或操縱於農奴與地主之間，使封建制得永續其命運。其後宗教與國家起有趣之紛爭，卽因全般收入減少，地主要謀收囘其已經給與之利益，而在僧侶則乘權仗勢，更要求特權之增加。及入資本主義社會，僧侶旣非保護資本財產之要具，所以其經濟上之地位與封建制度同歸破滅；由此資本國家的雇員官吏律師新聞記者醫生文學家等所組織的新團體或政黨卽代之而興。這類不生產的勞動者，當着動產與不動產衝突之時，或階級爭鬥嚴重之時，則其所處地位愈益重要；然若其所從來擁護之財產制度和生產關係已達末運，而其收入大大減少，則經濟上之恐慌必致政治上之恐慌，經濟上之破產必致道德也要破產：這類不生產勞動者必翻然變計，離叛其故主而與被壓迫的反抗階級攜手以革舊制度之命。此如上古之門客，中古之僧侶，以及現代一部份極進步的智識階級和自由職業者之投入無產階級的陣綫，皆其明證。

當民族制度，奴隸制度和封建制度成為人類生產力發展之障礙的時候，也就是他們臨終的時候；這種時候現在又輪流到了資本主義的社會。資本主義的大生產，不僅為將來共產主義社會準備了各種必要的經濟條件，而且為她自己養成了最大多數的掘墓人——近世無產階級。無產階級在資本主義社會多年的利用和訓練之下，不僅增加了教育程度和管理生產的普通知識，而且形成了自己獨立的革命的政黨；所以她的雙肩不僅擔負破壞為資本主義所弄壞的社會，而且担負建設將來旣沒有私產又沒有階級和國家的共產主義社會。然其過渡必須組織自己的擴大的民主共和國家（如蘇俄聯邦制），以爲破壞和建設之起重的機械。無產階級民主共和國，爲國家演進之最高形式，亦即爲國家消滅前之最終形式。從此以後，人類將復爲生產之主人而還復到自由平等的共產主義的廣大而豐富的生活。然將來共產社會與原始共產社會有很不相同之異點：卽原始共產社會建立在人類生產力極低的凹線之下；而將來共產社會則建立在人類生產力極其發達的水平線之上。

第十章　近世社會之必然崩潰

資本主義社會必然崩潰之理論，科學的社會主義之創造者在他們有名的著作中早已深明著切的闡明了；茲之所言，惟限於最近現象之事態。

資本主義發達到二十世紀的初年，全人類五分之四以上已成爲最少數資本家的奴隸（或爲工錢勞動者或爲殖民地半殖民地被壓迫的民族）。各國資產階級因爲生產的過剩和紊亂，早已準備異常強大的武力以爭奪殖民地。一九一四到一九一八年的第一次世界大戰爆發，世界形勢急轉直下入於革命時期，而資本主義社會一切平衡的基礎遂根本動搖而瀕於破產。今試首述戰後歐洲經濟狀況之衰頽：

戰前交戰各國財富之總和爲二萬四千億金馬克；每年生產收入之總和爲三千四百億金馬克。

大戰之耗費為一萬二千億金馬克，恰好等於交戰各國財富總和之一半。大戰中，交戰各國每年收入之總和減少三分之一，即每年收入只達二千二百五十億金馬克。總括一句，戰後交戰各國財富之總和，由二萬四千億減至一萬六千億，即減少了三分之一。不但如此，各國於戰費外，每年消費之總和約占每年收入百分之五五；而戰費每年又短少一千億。大戰四年，各國共計短少之收入為四千億，短少戰費亦為四千億，兩共合併短少八千億金馬克。

然則用什麼方法來彌補這八千億短少之開支呢？只有提取生產資本而置生產機關之改進事業於不顧：其方法便是大大地發行紙幣與公債，國家藉此吸收各地的現金而耗之於戰爭。國家開支愈多，即現金耗費愈甚，亦即紙幣堆積愈多。各種名義的債票充斥市場，外貌好似國家財富異常增加；實際，經濟基礎日益衰弱動搖而瀕於破產。各國國債由大戰增到一萬億金馬克，約佔各國財富總和百分之六二。

戰前各國流通紙幣與各種信用券僅二百八十億金馬克；戰後則增至二千八百億，即增加十倍。由此金本位制完全變為紙本位，而入於所謂虛金資本時代。信用券，國庫券，各種公債票和銀行券等等，一面代表死資本之回憶，一面代表新資本之希望。

為生產事業而發行公債，與為戰爭而發行公債，性質顯然不同。戰債愈多，即票額實價愈跌落而漸等於零。資本家保留千百萬紙幣於其口袋，作為國家之負欠；千百萬現金皆耗毀於戰爭而不復存在。然則債務之執持者還有甚麼希望呢？若是法國人，只有希望法政府向德國連皮帶血的挖取幾百億以償還其債項。然德國愈加毀壞，即全歐資本主義愈不能復蘇。

戰時及戰後，資本家爲製造軍需品而獲鉅利，但於生產機關之改建則甚爲漠視，這在城市房屋問題中便可看出。他們只將破壞不堪的房屋分配於工人，而不建築多量的新房屋。房屋的需要，在戰後是很迫切的；但這種必要工程竟因普遍的窮困而完全停止。資本主義的歐洲，在現在與將來的長時間中，不能不縮小其活動的範圍而使勞動者的生活降於水平以下，亦即使生產力降於水平以下。

現在再就各國情形，分別言之：戰前德國全國財富爲二千二百五十億金馬克；每年收入爲四百億金馬克。現在全國財富不過一千億金馬克，收入不過一百六十億，即不過戰前收入百分之四十。德國現在的國債爲二萬五千億，超過其財富總和之二倍半。到一九二一年，德國紙馬克已達八百一十億之多，所以紙馬克跌得一文不值。工商業狀況表面雖呈旺盛之勢，而資本蓄積極其低減，勞動生產力極其衰弱。資本家因爲要使他們的商品廉於英法的商品，所以極力減少工錢增加時間，而他面又抬高國內的物價；所以工人及一般人民的生活異常窮困，而生產力亦因而極其衰弱。德國資本主義已完全達於破產地位，而莫可救藥了。

法國因爲戰勝的關係，資本主義之衰頹比較德國雖略勝一籌；然農業生產和煤鐵生產皆比戰前衰落。一九一九年法國商業上的入超爲二百四十億，一九二〇年爲一百三十億。兩年間的入超共計爲三百七十億，法國資產階級在戰前從未遇過這樣可怕的入超數字。

戰前法國紙幣爲六十億弱；到一九二一年加到三百八十億以上。金佛郎價格，在英國市場上不及戰前四分之一，卽此已可看出法國的財政降至何等地位。現在法國經常預算增至二百三十億佛郎，其中百五十億是付國債利息的，五十億是維持軍隊的。法國政府加此嚴重負担於人民身上，實際抽得之稅不過百七十五億。故法國財政異常困難，不夠償付國債利息和維持軍隊之用。然佔領軍費在一九二一年已超過五十億以上，戰區修復費亦達二百三十億之多。所以法國財政的出路只有遮掩的破產（無限制發行紙幣）和公開的破產之兩途。

英國在大戰初期頗發了財，但到第二期開始失敗。大陸與英國的商業關係已由大戰打斷，英國在商業上財政上都受莫大的打擊。加以戰費浩繁，經濟日趨衰落，勞動生產力也大大減低。商業不及戰前三分之一，某幾派重大工業更受影響，所以失業人數常在五六百萬以上。主要產業的煤鑛，一九一三年有二萬八千七百萬噸；一九二〇年只有二萬三千三百萬噸，卽比戰前減少百分之二十。鑄鐵在戰前爲千萬噸以上；一九二〇年只八百萬噸，亦比戰前減少百分之二十。一九一三年輸出煤額爲七千三百萬噸；一九二〇年只二千五百萬噸，僅及戰前三分之一。

英國國債，在一九一四年八月一日只七千一百萬金磅；在一九二一年六月四日增至七萬七千萬以上，卽增加了十一倍。預算也增加了三倍。

英國經濟的衰頹，又可於金磅的價格中看出。戰前金磅在世界金融市場上居第一位，爲全世界金融之主人；現在完全被美國洋錢奪去其地位，他的價格比戰前低減百分之二四。

以上所引種種數字，足夠證明全歐資本主義之衰頹。交戰各國，以奧國爲痛苦之極點，而英國則處另一極點（然猶如此）。德國介乎兩極點之間；巴爾幹各國則完全破壞而退到農業經濟與半開化時代去了。歐洲收入總額至少比戰前減少三分之一，但這還不算最重要；最重要的是生產機關之根本破壞。現在農人再也得不到化學肥料與農業機械；鑛局只願意煤價抬高，而不改良鑛業機器及工人生活狀況；火車頭的儲藏業已虛空，鐵路之修復亦不充分。因而歐洲經濟生活愈益衰落而莫能挽救。由此我們對於歐洲全般經濟情形，可下一最正確的評語：卽戰後各國祇是拿着他們根本的生產資本去供消費；生產機關的改善，因爲資本平衡的破壞，國際間的衝突，和戰爭狀況之莫可停止而永遠歸於不可能。

現在再看歐洲以外的美國，美國乃是大戰中之暴發者。戰前美國的輸出物爲農產品和原料（佔總輸出三分之二）。戰時的輸出異常增加，一九一五至一九二〇年的六年中，美國的出超總額約值百八十億美金。同時輸出品的性質也根本變更：工業製造品佔百分之六十；而農產品和原料等僅佔百分之四十。以下數字可以顯明美國在世界中之經濟地位：

美國人口佔全球人口百分之六；面積佔百分之七；金的出產佔百分之二十；商船噸數佔百分之三十（戰前不過百之五）；鋼與鐵佔百分之四十；鉛佔百分之四九；銀佔百分之四十；鋅佔百分之五十；煤佔百分之四五；礬佔百分之六十；銅佔百分之六十；棉佔百分之六十；煤油佔百分之七十；米佔百分之七五；汽車佔百分之八五。現在全世界的汽車爲一千萬輛；而美國佔去八百五十萬輛，平均每十二人有一汽車。

美國生產力雖無限擴張，但因歐洲貧困，購買力減低，所以市場常感停滯之痛苦，失業工人在戰後曾達八百萬之衆。歐洲做了美國的樓梯，幫助美國上了屋頂；但美國方在屋頂上趾高氣揚的時候，樓梯已經腐壞拆斷了。富足的美國與貧窮的歐洲隔絕，卽世界經濟的平衡完全破壞。現在綜括世界資本主義正在崩潰之情況，約有下列之六點：

一、地域上的推廣阻止了並且縮小了。以前資本主義之昌盛由於不停的推廣殖民地及常常獲得新市場；但地球面積有限，資本主義發達到今日已是無孔不入，亞洲非洲的窮鄉僻壤，都有了大工業國的商品；加以勞農俄國成立，占全地球六分之一的地方，已不是資本主義的範圍了。

二、有些資本主義國家，回復到資本主義以前的經濟狀態去了。這種狀態在中歐與東歐特別顯著：因爲紙幣的跌落，農人漸漸回復到自給的經濟狀況，既不願將其農產品賣於市場，又不願買市場的商品，而以家庭生產自給；從前以現銀納稅，現在以貨品納稅，從前用貨幣交易，現在用穀物交易；資本不投於生產事業而投於不生產的投機事業。

三、國際的分工破壞了，世界經濟生活的單位搖動了。比如美國從前是農業國，英是工業國，因有這種國際的分工，所以資本主義發達非常暢利。現在不然：美國由大戰一躍而兼爲工業最發達的國家，同時英國也高唱發展自己的農業；各大工業國皆極力恢復幾百年前的保護政策，增加進口稅（如英美稅則之增高），以防外來商品之輸入，鞏固國內的市場；因而國際貿易額大減，國際經濟的協作衰頹。

四、世界經濟生活的統一破壞了。戰後，資本主義的中心由歐洲移至美國；但以前歐洲的舊中心能藉水陸交通，將高量的生產勻送於低量生產之各地，故世界經濟生活常呈統一平衡之觀；現在不然，因爲國際經濟的平衡破壞，中歐東歐紙幣的跌落，生產高的國家不能將其生產品勻送於生產低之各地，高量生產與低量生產遂失其調劑而分爲兩種半身不遂的經濟狀况。

五、生產減低，財富的積聚也減低了。戰後，中歐東歐完全破產，喪失其購買力。故工業恐慌，在英美特別顯明，失業者常自二三百萬至六七百萬，所以生產異常減低，財富之積聚自然也要異常減低，這種狀况在戰敗國更甚。

六、信用制度崩壞了。戰前歐洲各國皆採用金本位制，紙幣與金幣價格相等；戰後幾乎完全變爲紙本位，紙幣與金幣價格相差懸殊；國際間匯兌率尤爲奇變，國際經濟之平衡異常傾畸，國際交易也就異常衰歇。比如金價高的美國很難與金價低的德國做買賣，因爲高價的物品只能換些一文不值的爲克。

資本平衡是由種種事實，種種現象，種種復雜因數決定的。戰前資本平衡建築於國際分工與國際貿易之上：如美洲爲歐洲生產一定數量之小麥；法國爲美國製造一定數量之奢侈品；德國爲法國製造價廉物美之日常用品。然而這種分工決不是永久不變的，常因種種情形而決定。總括一句，世界經濟是建築於這樣的事實之上：一切生產必多少分配於各國。現在這樣事實，已歸於不可能了。國際分工由上次大戰澈底破壞了。

從前在各國中，農業是爲工業品而生產的。反面，工業是爲供給鄉村需要幷製造農具的。所以農業與工業之間有一定的相互關係。工業本身之內部，又有製造生產工具與日常用品之別。在這樣分工之間也常常成立一種一定的相互關係。這樣一種相互關係，常常紛亂，亦常常在一些新基礎之上復建起來。

但大戰把以上一切生產關係都破壞了：歐美及日本的工業都不大製造日常用品及生產機械，而專門製造破壞的工具。縱然多少製造點日常用品，但是專門供給破壞者——軍隊兵士之用。城鄉間關係，以及各國工業內部之分工，也被大戰破壞無餘。

階級的平衡是建築在經濟的平衡之上：戰前，武裝和平不僅存在於國際關係之間，而且存在於資產階級與無產階級關係之間。其方法卽爲權力集中之資本團體與權力集中之工團協訂團體的契約。但是這種勞資間的平衡又由大戰破壞了。於是全世界發生異常可怕的罷工運動。

在資產階級社會中，階級間的平衡是異常重要的，沒有這種平衡一切生產都成爲不可能。階級平衡與政治平衡有密切關係。大戰前及大戰中，資產階級藉着社會民主黨的幫助維持工人階級於資產階級平衡的範圍之內，爲的是使於資產階級對外作戰。但是這種平衡也由大戰破壞了。

更進一步研究國際平衡的問題。這卽是資本國際間的共存問題。沒有這種平衡，資本主義的經濟改造是不可能的。然而事實已完全證明其不可能了。

上次大戰的爆發，便是因爲生產力已覺到資本主義各大強國的範圍太窄狹了。資本帝國主義的傾向就是要取消一切國界，取消一切關稅，取消一切束縛生產力發展的障隔而佔領全地球。這就是帝國主義的經濟基礎，和上次大戰的總原因。

結果怎樣呢？由凡爾賽和約的規定，歐洲的國界和關稅比前更多，簡直爲前此所未有。現在歐洲建立了許多小國，一打一打的稅關橫過了奧匈的全領域。各小國都被禁錮於關稅制度之中。這在經濟發達的見地上說，乃是把中世紀的癲狂政策移到了二十世紀。巴爾幹各國退到了半開化時代，而歐洲則已巴爾幹化了。

現在德法的關係，有排除歐洲任何平衡之可能。法國不得不剝奪德國以維持其階級平衡，德國不能不爲這種刼奪的犧牲。

歐洲鐵礦之最大部分，現已入了法人之手。而煤之最大部分則在德國。法國之鐵與德國之煤之聯合，本爲組成復生歐洲經濟之先決條件。但這樣的聯合雖於生產發展爲必要，而於英國資本主義則爲致命之危險。所以倫敦政府必用全力或激烈或和平以停止法德煤鐵之聯合。

由上次大戰，英國打敗了德國，然而在現在國際市場上以及一般世界形勢上，英國反比戰前爲弱。美國因英國之損耗而強固，比較英國因德國之損耗而強固的程度高得多。

美國現在在他工業進步的事實上已經打敗了英國。美國工人的勞動生產力，高於英國工人勞動生產力百分之一百五十——兩個美國工人藉著極完全的工業機關可以等於英國五個工人的生產。據許多的統計，英國與美國的競爭，屢次遭了失敗，這點足夠使英國與美國永遠衝突。

美國的煤，在全世界及歐洲市場上纂奪了英國固有的地位；然而英國世界貿易的基礎，正建築在煤的上面。

煤油現在工業上及軍事上爲決定的要素。現在全世界的煤油美佔百分之七十，若到戰時則一切煤油都可以歸華盛頓政府使用。此外美國又具有墨西哥的煤油——占全世界產量百分之十二。然而美國人還詆毀美國國境以外的煤油集中在英國人手裏，英國油礦百分之九十拒絕美國參加，深恐己之所有，數年後卽有用盡之虞。假若這是眞的，那麼將來英美的衝突必更促進得快。

歐洲負欠美國的債務問題，現在已屬緊迫。其總額約爲一百八十萬美金。因此美國可常常給英國一些財政上的困難，要求償還他的欠款。英國屢請美國取消英國的債務，英國也取消歐洲大陸欠他的債務。假若這個成功了，當然英國可得很大的利益。因爲英國欠美之債遠過於大陸各國欠英之債。然而這是美國一口拒絕的。

英國賴其原有的海軍勢力，在海軍上還佔優勢，但是這還是一種消極的地位，並且漸漸地會要降於第二位第三位，而讓其海洋霸權於美國。

所以上次歐戰，雖然解决了歐洲問題——卽英德戰爭問題，現在反而發生了豐富的世界問題——卽統治世界的是英國還是美國呢？此爲製造新世界戰爭之根源。現在海陸軍費的增加，超過於戰前的準備：英國軍事預算增加三倍，美國增加三倍半。一九一四年一月一日（此時爲高倡武裝和平之時）全世界只有七百萬兵士，一九二一年一月有一千一百萬。這樣重大的軍事負担加於疲竭要死的歐洲之上，資本家口裏還要談什麽復興歐洲！

世界市場縮小的結果，經濟恐慌日益嚴重，資本國家間之爭端達於極點，國際關係之平衡異常動搖，不僅歐洲成了瘋人院，全世界亦成了瘋人院。在這樣情形之下，還說甚麽復建國際的平衡？

現在我們再看戰後社會衝突之發展：經濟的進化，並非全然是自動的歷程，是要由人們的工作與活動才能完成的。現在人與人的關係，以及階級與階級的關係，從經濟的見地說，到了甚麼境地？在德國及其他歐洲的某幾國，經濟程度已退後了二十年或三十年。但從社會的（卽階級的）見地說也是一樣的退步麼？絕不是這樣。在德國的各種社會階級，不但在戰前二十年以來隨資本主義之異常繁盛而異常發展異常集中，就是在大戰中及大戰後也異常發展。

經濟進化的兩要素：一爲國民財富；一爲國民收入。此兩者在歐洲現在都減低了。此兩者雖然減低，然而階級的發展反一天天的進步：無產階級的數目日看日增多；資本越集中於最少數人之手，各大銀行日趨合併，各大企業愈益聯合爲托拉斯。所以階級爭鬥隨著國民收入之減低而愈趨愈嚴厲，乃爲必不可免的事實。這就是現在社會衝突的癥結。

物質基礎越有限，則階級爭鬥越嚴厲——卽各派社會階級瓜分國民收入之爭鬥愈激烈。歐洲國民財富落後了三十年，這就是在經濟的見地上，減退了三十年；而在階級爭鬥的見地上，則增進了三百年。此爲現在的無產階級與資產階級的關係。

大戰初期，因軍隊極需要麵包與肉類，農產品價格不停的昂貴，所以全歐農人發了財。但農人收入口袋裏面的盡屬紙幣，最初以此等紙幣淸償舊債，自然於他們是很有利的，但後來就不同了。

資產階級經濟學家以爲農人經濟之繁盛足以担保戰後資本主義之鞏固。但是這個計算完全錯誤，農人雖然清償了舊債，但是農人經濟不在付金於銀行，而在於耕種其土地改良其工具種子技術等等。這些，在大戰中都被阻礙。

別一方面，因大戰而勞力缺乏，農業減低，經過一時半虛偽的繁盛後，農人就開始破產起來。歐洲農人破產的程度各有不同；但在美洲特別不同，從歐洲破產不能購買國外麵包之日起，南北美及澳洲的農人便開始感受可怕的痛苦。小麥價格一天跌落一天，於是農人不滿與不平之氣發酵於全世界。至此農人階級不能再守秩序，工人階級便有使貧農加入階級爭鬥，中農中立，富農孤立之可能。

工程師技術家醫生律師賬房官吏僱用人，他們的地位處於資本與勞動之間，爲半保守的社會階級。每每主張調和，幷贊成民主制。

大戰中及大戰後，這個階級感受的痛苦比工人更甚，他們生活水平之降低，也比工人更甚。紙幣不值價和購買力之減低，爲其主要原因。所以全歐知識者技術家一切中等階級人民之中，充滿了不平之氣。如意大利吏員罷工，西班牙銀行雇員罷工，卽是一例。

吏員銀行僱用人員等等當然不會組入無產階級，但是他們因此也喪失了他們保守的性質。因爲他們不平與反抗，所以他們是很動搖的，對於資產階級的國家也不再維持了，而且想拆壞他的牆脚。

資產階級知識者之不滿，常常隨著工商業中等階級和小資產階級之不滿而擴大。工商業的中等階級及小資產階級日覺壓迫，日覺搖動；而大資產階級日聯合於托拉斯之中，其橫蠻的霸佔日日減少國民的收入，國民愈貧而他們愈富。於是不屬於托拉斯的資產階級及新中等階級或相對的衰落或絕對的衰落而傾向於革命。至於無產階級縱然他們生活條件已減低，而他們普遍的都要負担國家的嚴重稅收。工人階級對於國家的負担現在比戰前嚴重得多。屬於託拉斯的資本，他們總想把他們對於國家的負擔完全加在工人的肩上。

農人不滿意於農業經濟的頹敗，知識階級日覺貧困，中等階級和小資產階級日形破產而憤怒，所以階級爭鬥的嚴厲非達到社會革命不止。

戰後工人階級的新現象，從一九二一年德國三月事變中可以看出：這次事變之主要分　爲中部德意志的工人；他們在大戰以前是極落後的分子，然而這次起事，他既不要統率，也不顧成敗，自發自動的上了革命的戰線。由此可知社會革命必然要一天一天擴大，一天一天成熟：不僅在各大工業國內有農人階級中等階級及資產階級的落伍分子和進步分子爲之呼應，而且有全世界殖民地和半殖民地的國民革命運動爲之呼應。世界革命的成功，只是時間遲早的問題。

中華民國十三年八月初版

社會進化史（全一册）

每册定價大洋一元

外埠酌加郵費匯費

此書有著作權翻印必究

著作者　蔡和森

印刷者　民智印刷所　上海寶山路天吉里卅三號

發行者　民智書局　上海河南路九十九十一號

分售處　民智書局分店　廣州　杭州　上海西門

總發行所　民智書局　上海河南路中九十至九十一號